한식조리기능사 실기
한식조리산업기사 / 기능장

세계를 향한

개정3판

한국조리

KOREAN COOKING

㈜지구문화
JIGU CULTURE Co.Ltd

머리말

한국음식은 사계절이 뚜렷한 환경과 지역적인 특성에 따라 풍부한 식재료를 다양하게 활용하여 조리과학적으로 우수한 조리법을 개발하고 발전시켜 왔으며, 오늘날까지 전승시켜 오고 있는 자랑스런 전통민속문화의 한 분야입니다.

오늘날 우리는 인간이 탄생한 이래 최고의 자유를 만끽하고 있습니다. 또한 누구든지 원하면 하루 만에 지구촌 어디든지 갈 수 있게 되었으며, 그에 힘입어 케이팝(K-Pop)을 비롯한 영화·드라마 등 한류 열풍이 세계를 휩쓸고 있습니다. 우수한 한국문화에 세계인이 주목하고 있는 것입니다. 한국음식 역시 세계인에게 맛과 영양, 그리고 건강식품으로 크게 호응받고 있습니다.

이와 같은 맥락에서, 이 시간에도 한국 음식의 우수성에 대한 자부심을 갖고 전문조리인이 되기 위해 열정으로 한국 조리를 공부하는 분들을 위하여 필자들의 강의경험을 바탕으로 이 책을 엮었습니다.

PART 1에서는 한국음식의 종류와 조리법, 양념과 고명, 명절음식과 시절음식의 상차림, 그리고 재료 다루는 방법과 계량 및 조리기구 다루는 법 등 한국음식을 이해하기 위한 기초지식을 습득하도록 하였으며,

PART 2에서는 2018년 개편된 내용에 따라 한식조리기능사 실기를 다루어, 한국산업인력공단 한식조리기능사 시험에 대비토록 했으며, **PART 3**에서는 한식조리산업기사 및 기능장을 대비하는 고급 한국조리를 다루었습니다.

이 책이 한국음식의 발전과 자격증을 취득하고자 하는 모든 분들에게 도움이 되기를 기대합니다. 아울러 선배 교수님들과 전문가 여러분들의 지도와 편달, 그리고 성원을 부탁드립니다.

끝으로 이 책이 햇빛을 보기까지 여러 가지로 도움을 주신 (주)지구문화 임직원들께 심심한 감사를 드립니다.

무술년 성하에

필자 대표

차 례

Part I 한국음식의 이해

Part II 한식조리기능사 실기

Part III 한식조리산업기사 및 기능장 실기

Part I 한국음식의 이해

Part 1 한국음식의 이해

1. 한국음식의 특징

우리나라의 식생활 문화는 사계절이 뚜렷하고 지역적으로 특색있는 식재료가 생산되는 자연환경의 영향을 받아 발전되어 왔다. 다양하게 생산되는 농수산물과 축산물 등을 이용한 많은 종류의 음식들이 발달되었고 전통적인 음식과 조리법이 대대로 전승되어 오늘날의 조화롭고 독창적인 식문화를 이루게 되었다.

조선시대를 중심으로 보면, 궁중음식과 반가음식 및 서민음식을 비롯하여 각 지역의 기후와 식생활에 따른 향토음식이 특색있게 발달되어 왔다.

한국음식은 주가 되는 주재료와 그 맛을 더해 주기 위해 어울리는 부재료가 들어가고 조리법에 맞는 양념으로 조리한 후, 오색고명으로 장식한다. 부재료는 주재료의 맛을 더하기 위한 목적으로 들어가므로 주재료의 맛을 가려서는 안 된다. 그러므로 주재료보다 적게 넣는 것이 특징이다.

우리나라 일상 음식의 주류를 이루는 많은 음식들은 음식의 주가 되는 주재료와 함께 요리법이 복합되어 음식명이 만들어진다. 그 예로 닭+찜=닭찜, 더덕+구이=더덕구이를 들 수 있다. 물론 신선로, 구절판, 탕평채, 비빔밥, 빈대떡, 화전 등의 몇 가지 예외적인 것도 있다.

재료와 조리법이 같을지라도 사용하는 양념에 따라 또다른 맛을 지닌 조리가 되는데, 두부젓국찌개와 두부찌개(고추장양념)는 주재료와 조리법이 같아도 양념이 다른 조리명의 예이다.

조리적인 측면의 특징은 주식과 부식이 분리되어 발달되어 왔다는 점, 곡물 조리법이 매우 다양하다는 점, 그리고 약식동원의 조리법이 우수하다는 점을 들 수 있다. 한편, 통과의례에 따른 공동식의 풍속이 발달하였으며 조화된 맛과 의례식을 중요시하였다. 또한 우리의 저장 발효음식은 현대에 와서는 건강식으로 높이

평가받아 세계적인 음식으로 자리매김하고 있다.

(1) 농업의 발달로 곡물음식과 조리법이 발달하였다.

쌀을 주식으로 하여, 보리 · 밀 · 콩 · 조 · 메밀 · 팥 · 수수 · 옥수수 등의 잡곡들을 이용한 죽 · 밥 · 국수 · 만두 · 수제비 · 묵 · 장류 · 떡 · 한과 · 음청류 등의 음식이 다양하게 발달하였으며 그 종류가 350여 가지나 된다.

잡곡은 주식으로 사용되는 것 외에도 떡, 묵, 한과 등의 다양한 음식의 원료가 되며 떡의 종류만 해도 200여 가지가 넘는다.

(2) 주식과 부식이 명확하게 구분되어 발달하였다.

우리나라의 상차림은 주식인 밥과 함께 여러 가지 찬을 부식으로 먹는 것이 일상적인 형태이며, 주식으로 부족되기 쉬운 영양을 부식으로 균형을 맞추어 한 끼 식사가 되도록 하였다. 부식으로는 채소, 육류, 어류, 해초류 등의 다양한 재료들을 이용하여 조리법을 달리한 많은 찬 종류가 발달하였다.

일상식의 기본 상차림은 식재료나 조리하는 방법이 중복되지 않도록 하고 주식과 부식의 조화로 균형 있는 식사를 할 수 있도록 하였다.

(3) 상차림은 일상식과 의례식으로 나누어지며 식사예절이 발달하였다.

일상식 상차림에는 죽상 · 반상 · 면상 · 주안상 · 교자상 · 다과상 등이 있으며, 의례식 상차림에는 삼신상 · 백일상 · 돌상 · 관례상 · 혼인상 · 폐백상 · 큰상차림 · 제사상 등이 있다. 일상식은 독상 중심이었으며 조반과 석반을 중히 여겼다. 유교 의례를 중히 여겨 반드시 어른이 먼저 들고 나서 아랫사람들이 먹었으며, 국물음식은 오른쪽에, 뜨거운 음식은 앞에, 밑반찬은 왼쪽에 놓고 수저를 놓는 자리나 사용법, 음식을 먹는 순서와 식사예법도 엄격하였다.

(4) 음식의 종류와 조리법이 매우 다양하다.

한국음식의 주식으로는 밥 · 죽 · 미음 · 국수 · 만두 · 냉면 · 떡국 · 칼국수 · 수제비 등 350여 가지 이상이 있고, 부식으로는 육류인 쇠고기 · 돼지고기 · 닭고기 · 꿩고기 · 오리고기 등이 있고, 어류로는 조기 · 고등어 · 명태 · 대구 · 민어 · 꽁치 · 멸치 · 아구 · 복어 · 메기 · 미꾸라지 등과 그밖에 해조류 · 조개류 · 연체류 · 갑각류 · 채소류 등이 있다. 이를 재료로 하여 국 · 찌개 · 구이 · 전 · 조림 · 볶음 · 편육 · 나물 · 생채 · 젓갈 · 포 · 장아찌 · 찜 · 전골 · 김치 등 1,500가지 이상의 조리법이 발달하였다.

일상식 외에 떡, 과자, 엿, 화채, 차, 술 등의 후식과 기호음식들이 800여 가지가 있고 떡 종류도 200여 가지가 넘는다. 각 계절에 따라서 장 담그기, 김장 담기, 채소 말리기, 젓갈 담그기, 포 만들기 등 저장 발효식품과 건조 저장식품을 만들어 먹고 있다.

(5) 수많은 양념과 고명을 여러 가지 조리법에 응용하여 맛이 다양하다.

우리의 양념은 갖은 양념이라고 해서 간장 · 소금 · 고추장 · 된장 · 설탕 · 식초 · 파 · 마늘 · 생강 · 깨소금 · 참기름 · 후춧가루 · 고춧가루 · 겨잣가루 · 계피 · 천초 · 참기름 · 들기름 등을 식품에 상용해서 어우러진 맛을 낸다.

양념이란 말은 한문으로 약념(藥念)으로 표시하는데, 이는 여러 조미료를 쓸 때 "몸에 이로운 약이 되도록 염두에 둔다."라는 뜻이라 할 수 있다.

고명은 음식의 색감과 맛을 돋우어 주는데 달걀 황백지단 · 알쌈 · 미나리초대 · 잣 · 은행 · 호두 · 밤 · 대추 · 표고버섯 · 석이버섯 · 실고추 · 고기완자 등이 있다.

(6) 발효식품인 장류를 사용한다.

콩을 삶아 띄운 메주로 된장 · 막장 · 청국장 · 담북장 · 간장 · 고추장 등의 장류를 담가 사계절 음식의 간을 맞추고 색과 맛을 내는 데 사용한다. 특히 된장은 국이나 찌개, 나물 등에 이용되며 우리의 식생활에서 단백질 공급원으로서 주요한 역할을 한다. 이와 같이 장류는 음식의 맛을 내고 간을 맞추는 기본 양념일 뿐만 아니라 조리과학적으로 우수성을 보여주는 독창적인 음식이다.

(7) 조리법에는 약식동원(藥食同源)의 근본사상이 배어 있다.

우리나라 음식의 재료배합이나 양념의 쓰임은 '먹는 음식이 곧 약이 된다.'는 약식동원의 사상이 배어 있으며 동의보감에서도 병을 예방하고 치료하려면 식생활을 바르게 해야 한다고 하였다. 우리나라 산야에 자생하고 있는 식용 가능한 산채의 어린 잎이나 열매, 뿌리, 나무의 어린 싹, 나무껍질 등을 부식의 재료로써 뿐만 아니라 병과류에도 활용하였다.

또한 꿀과 참기름이 많이 들어가는 약과 · 약식 · 약주 등의 음식에 약(藥)자를 붙인 것을 보더라도 약식동원이라는 근본사상을 잘 알 수 있다.

(8) 음양오행설을 기본으로 정성어린 음식의 색과 맛을 냈다.

우리나라 음식 재료의 색은 오방색, 즉 흰색 · 노란색 · 붉은색 · 녹색 · 검은색을 중심으로 따로 색을 내거나 한데 섞어서 조화로운 멋을 낸다. 구절판이나 신선로는 재료 각각의 색을 살려 아름답게 담아내며 잡채, 겨자채, 탕평채는 재료 각각의 색을 살려 서로 섞어서 조화롭고 화려한 색을 낸다.

그리고 나물이나 전, 생채의 경우에도 삼색으로 각 색을 내어 그릇에 담고 고명도 오색으로 맞추어 올리며, 떡 · 한과류도 색을 조화롭고 아름답게 살려내는 것이 우리 음식의 멋이라고 할 수 있다.

(9) 조리하는 방법이 과학적이다.

동물성 식품과 식물성 식품 재료를 균형있게 배합하여 영양적인 면을 고려하며, 찌거나 끓이는 조리법이 많아 영양소의 손실이 적도록 조리한다. 예로부터 궁중음식에서는 쇠고기가 주재료인 음식에는 표고버섯과 채소를 같이 사용하여 조리하였으며, 나물을 무칠 때는 깨소금과 참기름을 사용하여 과학적으로 조리를 하였다.

(10) 명절식과 시절식의 풍습이 있어 나누는 문화인 공동식이 발달하였다.

설날에는 흰떡국을 끓여서 나누어 먹음으로써 무사안일과 복을 빌고, 추석에는 결실과 수확의 기쁨을 조상에게 감사하며 햇곡식과 햇과실을 나누어 먹었다. 절기별로 새로 나오는 식품들로 계절음식을 먹으며 건강하고 여유로운 삶을 즐겼다.

(11) 각 지역마다 향토음식이 발달하였다.

향토음식은 지역의 특산물을 재료로 하여 그 지역에서만 전수되어 오는 고유한 조리법으로 만들어지는 음식으로써 토속 민속음식으로 가치가 대단히 크다.

지역별 향토음식을 정리하면 다음과 같다.

① **경기도 및 서울** : 개성약과, 개성경단, 주악, 우메기떡, 홍해삼, 탕평채, 편수, 보쌈김치, 무찜, 제육저냐, 물쑥나물, 조랭이 떡국, 설렁탕, 곰탕, 자반, 장아찌류 등

② 강원도 : 감자부침, 오징어구이, 쇠미역쌈, 쇠미역튀각, 명태식해, 참죽자반, 참죽부각, 능이버섯회, 도토리묵조림, 산초, 고추장아찌, 지누아리장아찌, 서거리김치, 감자송편, 감자경단, 찰옥수수시루떡, 총떡, 명란젓, 창란젓, 황태구이 등

③ 경상도 및 부산 : 대구육개장, 닭찜, 호박범벅, 목이버섯나물, 오이냉국, 안동칼국수, 안동식혜, 미숫가루, 곰치젓갈장아찌, 당귀장아찌, 더덕장아찌, 산당귀잎 쌈장, 된장찌개, 고추장, 멸치젓, 무적, 토란줄기찜, 신선다식, 정과, 진주비빔밥, 통영비빔밥, 추어탕, 동래파전, 생선회, 곰장어요리, 밀면, 돼지국밥 등

④ 전라도 : 꽃게미역국, 매생이국, 죽순탕, 김부각, 들깨꽃부각, 고춧잎자반, 순창고추장생이젓, 풋마늘, 갑오징어산적, 파산적, 꽈리풋고추산적, 만나지, 머위나물, 듬부기나물, 파만두, 어만두, 대합조개만두, 홍어찜, 홍어회, 문어오림, 주악, 전주비빔밥 등

⑤ 제주도 : 전복, 소라회, 돼지족탕, 토계탕, 옥돔미역국, 옥돔구이, 해물뚝배기, 빙떡, 오합주, 닭엿, 들깨죽, 조피된장, 자리회, 자리물회, 고사리전, 자리젓, 유자청 등

⑥ 황해도 : 연안식해, 강엿돼지족, 호박짠지된장국, 새우찜, 김치순두부, 황해도고기전, 남매죽, 된장떡, 오쟁이떡, 무정과, 냉콩국수, 돼지족조림 등

⑦ 평안도 : 내포중탕, 무곰, 더풀장, 어복쟁반, 동치미냉면, 굴린만두, 닭도리탕, 김치밥, 도라지 산적, 노티, 녹두 빈대떡, 냉면, 만두 등

⑧ 함경도 : 가자미식해, 강냉이밥, 감자국수, 북어찜, 태석, 섭죽, 되비지찌개, 순대, 가랍떡, 보리감주, 함흥냉면, 동태순대, 북어전, 감자막가리 만두 등

2. 한국음식의 종류와 조리법

1. 한국음식의 종류

한국음식은 크게 주식과 찬품, 후식으로 나누어진다. 주식에는 밥, 죽, 국수, 만두 등이 있으며, 찬품에는 국, 찌개, 전골, 찜, 선, 볶음, 구이, 적, 회, 편육, 족편, 조림, 초, 생채, 나물, 부각, 튀각포, 장아찌, 젓갈, 김치 등이 있다.

후식에는 떡, 과자, 생과 등의 병과류와 식혜, 수정과, 오미자화채 등의 음청류가 있다. 대표적인 음식 종류를 정리하면, 다음과 같다.

(1) 주식류

① 밥 : 흰밥(백반), 보리밥, 현미밥, 중등밥(홍반), 콩밥, 밤밥, 찰밥, 차조밥, 오곡밥, 별밥, 비빔밥(골동반), 콩나물밥, 굴밥, 무밥, 감자밥, 김치밥 등

② 죽 : 흰죽(옹근죽, 원미죽, 무리죽), 콩죽, 녹두죽, 팥죽, 호박죽, 콩나물죽, 아욱죽, 애호박죽, 장국죽, 홍합죽, 전복죽, 잣죽, 호두죽, 타락죽, 밤죽, 행인죽, 흑임자죽 등

③ 미음, 응이, 암죽, 즙

- 미음 : 쌀미음, 차조미음, 메조미음, 속미음, 삼합미음
- 응이 : 수수응이, 연근응이, 갈분응이, 율무응이, 오미자응이
- 암죽 : 식혜암죽, 쌀암죽, 떡암죽, 밤암죽
- 즙 : 양즙, 육즙

④ 국수와 만두

- 면 : 온면, 국수장국, 면신선로, 제물밀국수, 장국냉면, 냉면, 비빔면(골동면), 콩국수, 팥칼국수
- 떡국, 수제비 : 흰 떡국, 생떡국, 조랭이떡국, 수제비, 칼싹두기
- 만두 : 만두국, 석류탕, 어만두, 편수, 규아상(미만두), 준치만두, 병시

(2) 부식류

① 국

- 맑은장국 : 애탕, 토란탕, 곽탕(미역국), 무국, 콩나물국, 대합탕, 조기국, 준치국, 북어국, 버섯국, 송이탕(송이국), 등골탕, 완자탕, 어알탕
- 토장국 : 냉이토장국, 쑥토장국, 소루쟁이국, 시금치국, 아욱국, 오이무름국, 배추속대국, 싸리버섯국
- 곰국 : 곰탕, 가리국, 삼계탕, 용봉탕, 육개장, 설렁탕, 갈비탕
- 냉국 : 오이냉국, 미역냉국, 임자수탕, 깨국탕

② 조 치

- 된장조치 : 묽은된장찌개, 강된장찌개, 청국장찌개
- 고추장조치 : 맛살찌개, 두부찌개, 대구찌개, 호박감정, 게감정, 민어감정, 조기감정, 오이감정

• 젓국조치 : 굴젓국찌개, 암치젓국찌개, 애호박젓국찌개, 두부젓국찌개, 준치젓국찌개, 명란젓찌개

③ 전 골 : 낙지전골, 갖은전골, 조개관자전골, 송이전골, 쇠고기전골, 두부전골, 버섯전골, 곱창전골, 신선로(열구자탕), 도미면(승기악탕)

④ 찜

• 육류찜 : 가리찜, 닭찜, 사태찜, 우설찜, 곤자소니찜, 돼지갈비찜, 떡찜

• 어패류찜 : 도미찜, 숭어찜, 전복찜, 북어찜, 준치찜

⑤ 선 : 가지선, 오이선, 애호박선, 배추선, 채란, 어선, 두부선, 송이찜, 죽순찜

⑥ 조림과 초

• 조림 : 감자조림, 호두조림, 연근조림, 멸치조림, 풋고추조림, 두부조림, 갈치조림, 조기조림, 장포육, 쇠고기장조림, 장똑도기

• 초 : 전복초, 홍합초, 삼합초

⑦ 전(전유어, 전유화, 저냐)

• 육류전 : 완자전, 간전, 처녑전, 양동구리전, 부아전

• 채소류전 : 표고전, 버섯전, 호박전, 두릅전, 깻잎전, 배추전, 파전, 옥수수전, 녹두빈대떡, 양파전, 풋고추전, 감국전

• 어패류전 : 민어전, 해삼전(뭐쌈), 새우전, 조개관자(패주)전, 굴전

⑧ 구 이

• 육류구이 : 너비아니, 쇠갈비구이, 맥적, 제육구이, 콩팥구이, 염통구이, 가리구이, 닭구이, 양지머리편육구이, 북어구이

• 어패류구이 : 삼치구이, 잉어구이, 도미구이, 민어구이, 고등어구이, 대합구이, 조기양념구이, 병어고추장구이, 생복구이, 오징어구이

• 기타 : 더덕구이, 김구이

⑨ 적

• 산적 : 파산적, 두릅산적, 어산적, 닭산적, 송이산적, 장산적, 섭산적, 생치산적, 떡산적, 사슬적

• 누르미(누름적) : 화양적, 잡누르미, 두릅적, 김치적

⑩ 족편과 편육

- **족편** : 쇠족편, 전약
- **편육** : 양지머리편육, 우설편육, 제육편육, 쇠머리편육, 돼지머리편육, 삼겹살편육

⑪ 나 물

- **숙채** : 물쑥나물, 취나물, 원추리나물, 두릅나물, 엉개나물, 씀바귀나물, 도라지나물, 고사리나물, 애호박눈썹나물, 오이나물, 가지나물, 버섯나물, 표고버섯나물, 싸리버섯나물, 능이버섯나물, 박나물, 시래기나물, 숙주나물, 늙은호박나물, 호박오가리나물
- **생채** : 도라지생채, 오이생채, 무생채, 더덕생채, 겨자채, 상추생채, 잔파겉절이, 배추겉절이
- **기타** : 구절판, 잡채, 탕평채, 죽순채, 월과채, 숙주채, 떡심채, 밀쌈

⑫ 회

- **생회** : 육회, 생선회, 굴회, 갑회, 전복회, 조개관자회(강요주회), 멍게회, 해삼회, 낙지회
- **숙회** : 대합숙회, 상어숙회, 어채, 미나리강회, 파강회, 두릅회

⑬ 포와 마른안주

- **포육** : 약포, 대추편포, 칠보편포, 육포쌈
- **어포** : 암치포, 대구포, 전복쌈
- **마른안주** : 약포, 곶감쌈, 잣솔, 대추, 생률, 마른 문어, 은행, 호두튀김, 어란

⑭ 자반/튀각/부각과 장아찌

- **자반** : 고추장볶이, 미역자반, 김자반, 매듭자반, 김부각, 깻잎부각, 고추부각, 북어무침, 참죽자반, 다시마튀각, 참죽부각, 준치자반
- **장아찌** : 두부장과, 오이갑장과, 오이통장과, 미나리장과, 무갑장과, 오이장과, 쪽장과, 마늘통장아찌, 가지장아찌, 무말랭이장아찌, 깻잎장아찌, 매실장아찌, 콩잎장아찌, 더덕장아찌, 감장아찌, 무고추장장아찌

⑮ **젓 갈** : 조기젓, 멸치젓, 새우젓, 명란젓, 참게젓, 창란젓, 어리굴젓, 조개젓, 꽃게장, 소라젓, 오징어젓, 꼴뚜기젓, 가자미식해, 명태식해

⑯ 김 치 : 배추통김치, 깍두기, 무청깍두기, 보쌈김치, 동치미, 섞박지, 늙은호박김치, 오이소박이, 열무김치, 장김치, 나박김치, 백김치, 박김치, 부추김치, 파김치, 석류김치, 고들빼기김치, 갓김치, 전복김치

(3) 떡과 한과

① 떡

- 찌는 떡 : 백편, 승검초편, 각색편, 꿀편, 녹두편, 쑥편, 찰편, 수리취떡, 느티떡, 무시루떡, 팥시루떡, 상추시루떡, 쇠머리떡, 석탄병, 잡과병, 호박떡, 두텁떡
- 치는 떡 : 인절미, 절편, 수리취인절미, 수리취절편, 개피떡, 골무떡
- 빚는 떡 : 송편, 노비송편, 재증병, 색단자, 석이단자, 은행단자, 대추단자, 밤단자, 쑥굴리, 찹쌀경단, 수수경단
- 지지는 떡 : 주악, 승검초주악, 은행주악, 대추주악, 석이주악, 진달래화전, 찹쌀부꾸미, 수수부꾸미
- 기 타 : 약식(약밥), 증편

② 한 과

- 유밀과 : 강정, 약과, 매작과, 만두과
- 다 식 : 송화다식, 흑임자다식, 승검초다식, 녹말다식, 밤다식, 쌀다식
- 정 과 : 연근정과, 생강정과, 행인정과, 도라지정과, 인삼정과, 유자정과
- 숙실과 : 삼란(생강란, 조란, 율란), 밤초, 대추초
- 과 편 : 복분자편, 살구편, 앵두편, 오미자편
- 엿강정 : 쌀강정, 깨엿강정, 콩엿강정, 땅콩엿강정, 잣박산

(4) 화채와 차

① 화 채

- 오미자국 화채 : 진달래화채, 가련화채, 배화채, 밀감화채, 복숭아화채, 보리수단, 창면
- 과즙 화채 : 산딸기화채, 앵두화채,
- 꿀물 화채 : 배숙, 향설고, 유자화채, 원소병, 떡수단, 식혜, 곶감수정과

② 차 : 엽차, 녹산차, 두충차, 제호탕, 유자차, 모과차, 생강차, 대추차, 율무차, 구기자차, 결명자차

2. 한국음식의 조리법

[주식류]

(1) 밥(飯)

밥은 우리나라 사람의 대표적인 주식으로 '밥을 먹는다' 는 말이 바로 음식을 먹는다는 뜻인 것처럼 밥은 한국음식을 대표한다. 밥은 쌀을 비롯한 보리, 조 등의 곡물에 적당량의 물을 붓고 가열하여 완전히 호화시킨 것으로 궁중에서는 '수라' 라고 하였다.

밥의 형태는 처음에는 토기에 빻은 곡물과 물을 넣고 가열한 죽의 형태였으며, 그 이후에는 시루에 곡물을 찌는 형태였다. 지금 형태의 밥을 짓기 시작한 것은 서기 5세기 말~6세기 초인 삼국시대로 추정된다.

주식은 주로 흰 쌀밥을 많이 먹지만 쌀에 보리 · 기장 · 수수 등의 잡곡이나 콩 · 팥 등의 두류 또는 감자 · 고구마 · 밤 등의 전분질 식품을 넣어서 짓는 오곡밥, 팥밥, 콩밥, 밤밥 등이 있다. 쌀에 무 · 송이버섯 · 콩나물 등의 채소나 굴 · 조개 · 홍합 등의 패류를 넣어 짓는 밥, 채소밥 등의 별미밥과 주재료나 특징을 살린 이름을 지은 비빔밥(골동반) 등 많은 종류의 밥이 있다.

잘된 밥은 쌀알이 잘 호화되어 속에 심이 없고 유리수가 없어서 외부에 물기가 없으면서도 물의 흡수량이 많아 밥알이 부슬부슬 흩어지지 않는다.

밥맛을 좌우하는 가장 중요한 요인은 물 분량이다. 쌀의 품질, 건조상태, 햅쌀 여부에 따라 물 분량의 차이가 있다. 쌀을 상온의 물로 불릴 때 멥쌀은 30분, 찹쌀은 50분 정도 불리면 쌀 부피의 최대 1.2배가 흡수되며, 그 이상의 시간이 지나도 흡수되는 물의 양은 별 차이가 없다.

물에 불린 쌀은 끓을 때까지의 시간을 짧게 하고 불리지 않은 쌀은 물을 더 첨가하여 시간을 충분히 주어 물을 쌀 속에 흡수시키면서 밥을 해야 한다. 밥물의 양은 쌀 입자를 충분히 호화시키는 데 필요한 물의 양과 밥 지을 때 증발하는 양을 더해서 정하는데 이 양은 쌀 중량의 1.5배, 쌀 부피의 1.2배가 된다.

불린 쌀은 쌀 부피와 같은 양의 물을 넣는다. 쌀 양이 많아질수록 적은 쌀로 밥을 할 때보다 필요한 물의 비율이 적어지는데 그 이유는 가열에 의하여 증발하는 물의 양은 비슷하기 때문이다. 잘된 밥은 수분함량이 65% 정도로 쌀 중량의 약 2.3배 가량 된다.

밥맛을 좌우하는 두 번째 중요한 요인은 불의 세기 및 시간 조절이다. 센불에서 5~10분간 물의 온도를 상승시키며 대량의 물을 흡수시킨다. 이때 쌀알은 급격히 팽창하고 이 시간이 길어지면 호화된 전분이 물에 용출되어 쌀이 부스러진다.

물이 끓으면 100℃를 유지하여 중간불에서 5~10분간 더 끓여 물을 흡수시켜 쌀을 호화시키고 물이 전부 흡수될 때까지 계속한다. 물이 잦아들면 약한불에서 10~15분간 더 지속하여 냄비 속의 유리수가 잦아들게 하고 수증기로 쌀을 계속 호화시킨다.

이때 온도가 낮아지면 충분히 호화되지 않는다. 불을 끄고 10분간 뜸을 들여 쌀 중심부의 전분이 충분히 호화되고 쌀알 주위에 있는 약간의 유리수도 모두 스며들게 한다.

표 1-1 쌀 부피에 따른 물의 부피

쌀의 부피(컵)	물의 양
1~3 (약 1~5인분)	1.4배
4~9(약 6~16인분)	1.2배
10~15 (약 17~27인분)	1.0배
16이상(약 28인분 이상)	0.8배

(2) 죽(粥), 미음, 응이

곡류를 주재료로 하여 만든 반유동식으로, 쌀을 불린 후 갈아서 참기름으로 볶아 끓인 흰죽을 비롯하여 팥죽 · 콩죽 · 녹두죽 등이 있으며, 보양을 목적으로 하는 전복죽 · 흑임자죽 · 행인죽 · 잣죽 · 타락죽 등도 있다.

흰죽에는 쌀을 불려 통으로 쑤는 옹근죽, 불린 쌀을 반 정도로 갈아 쑨 원미죽, 불린 쌀을 곱게 갈아 끓인 무리죽 등이 있다.

죽은 재료에 따라 깨죽 · 녹두죽 · 잣죽 등 곡물만으로 쑤는 것과 애호박 · 표고 · 아욱 등의 채소류나 생선 · 조개 · 문어 등의 어패류 또는 닭고기 · 쇠고기 등의 부재료를 넣어 끓이는 죽도 있다.

죽을 끓일 때 물의 양은 일반적으로 쌀 중량의 5~7배 가량이 필요하며, 묽은 죽이나 된 죽 등 소비자 기호에 맞추어 물량을 조절한다.

죽은 센불에서 밑이 눌지 않도록 나무주걱으로 저으며 끓어오르면 불을 약하게 하여 젓지 말고 쌀알이 잘 어우러지게 끓이고 간은 나중에 한다.

미음은 죽보다 더 묽게 끓이며 쌀, 차조, 메조 등의 곡물을 그대로 푹 고아서 국물을 고운 체에 밭친 것이다. 응이는 곡물을 곱게 갈아 전분을 가라앉혀 가루로 말렸다가 살짝 끓여 마실 수 있는 정도의 농도로 만든 것이다. 죽보다는 미음이 묽고, 미음보다는 응이가 더 묽다.

(3) 국수(麵)

국수는 떡국에서 발전된 음식으로 삼국시대부터 이용되었다.

국수는 일상식의 아침 · 저녁상보다는 점심상에 차리며, 잔치 때 손님의 접대용으로 차린다. 생일의 점심에는 장수를 비는 뜻으로 반드시 국수상을 차리고 결혼, 회갑, 장례 등의 큰 일을 치를 때와 많은 손님을 대접할 때에도 손이 많이 가는 반상(밥상)보다 면상(국수상)을 차렸다.

전래의 국수는 제면하는 기법에 따라 수제비, 칼국수, 실국수(가는 국수) 등으로 나뉘어진다. 실국수는 국수틀을 이용하여 성형하는 것이고 칼로 썰어서 성형하는 칼국수는 밀가루나 녹말을 이용하여 만드는 것이 일반적이나 밀가루를 달걀의 난황으로 반죽하는 난면 등으로 만들기도 한다. 밀가루 수제비처럼 손으로 반죽하여 맑은 장국 등에 손으로 뜯어 넣거나, 수저로 떠 넣어 익혀 먹는 것을 비롯하여 특별한 방법으로 임의성형하는 것을 수제비라 하며 꽃수제비, 진주수제비, 오이수제비, 기장수제비 등이 전해지고 있다.

오늘날 국수의 주원료는 밀가루를 주로 사용하지만 전래의 국수는 녹두녹말, 메밀녹말, 밀가루 순서로 사용되었고 칡뿌리전분 국수도 사용되었다. 황해도 · 평안도 · 함경도는 메밀국수, 경기도는 녹두녹말국수, 호남을 뺀 나머지 전 지역에서는 밀국수를 사용하였다.

국수 국물의 온도에 따라 온면과 냉면으로 분류하는데 냉면의 국물로는 동치미, 냉 육수, 물김치가 이용되고 온면은 쇠고기 양지머리를 삶은 맑은 고기 장국을 주로 이용하며 경상도 지역에선 멸치국물도 사용한다. 수제비는 온면으로, 칼국수와 실국수는 온면과 냉면으로 이용된다. 칼국수를 온면으로 먹을 때는 국수를 삶아낸 장국과 같이 먹는 제물국수 형태가 된다.

고기와 호박을 넣어 끓인 칼국수와 콩국수는 여름철 별미이다. 그 밖에 국물을 곁들이지 않는 비빔국수가 있으며 주로 메밀국수에 양념장을 곁들인다. 조선시대 중기 무렵에 중국에서부터 수입된 녹말로 만든 당면은 국수 또는 잡채에 이용되어 왔다.

(4) 만두와 떡국

만두와 떡국은 국수와 마찬가지로 간단한 주식이 된다. 옛날부터 설날에는 떡국을 끓여 조상께 차례를 지내 왔는데 북쪽 지방에서는 만두국을 끓여 먹었다.

만두는 밀가루로 반죽하여 동그랗게 모양을 내서 만든 껍질 속에 소를 넣어 빚은 후 육수에 삶아 국물째 먹거나 찜통에 쪄서 초장에 찍어 먹는다.

만두는 겨울에 주로 먹으나 봄에는 춘치만두, 여름에는 편수나 규아상 등을 먹는다. 만두는 껍질의 재료와 소의 재료에 따라 종류가 다양해지며 대개는 밀가루를 반죽하여 껍질로 사용하나 메밀가루로 빚는 메밀만두, 생선으로 만드는 어만두 등도 있다.

떡국은 멥쌀로 떡 가래를 만들어 어슷하게 얇은 타원형으로 썰어 육수에 넣어 끓인다. 충청도의 생떡국, 개성의 조랭이떡국 등의 향토음식도 있다.

[찬품류]

(1) 국

밥과 함께 차리는 필수적인 부식으로 탕(湯)이라고도 한다.

간장이나 소금으로만 간을 한 맑은 장국과 된장으로 간을 한 토장국, 곰국, 냉국 등이 있다.

토장국을 끓일 때는 된장과 고추장의 비율은 5:1이 적당하며, 곰국은 소고기의 여러 가지 부위를 푹 고아서 소금으로 간을 맞추고 냉국은 더운 여름철에 미역이나 오이를 이용하여 만든다.

국의 건더기는 국물의 약 ⅓이 적당하여 1인당 건지는 60~100g이면 충분하다.

(2) 조치(찌개), 감정

찌개는 반상의 밥반찬으로 차려지며 국과 거의 비슷한 조리법으로 만들며 국보다는 국물이 적어 건더기가 찌개의 ⅔가 적당하다. 국보다 짠 것이 특색으로 맑은 조치와 흐린 조치가 있다.

불 조절은 센불에서 끓이기 시작하여 한소끔 끓은 후에는 불을 약하게 하여 20분 정도 푹 끓인다. 맑은 조치는 간장이나 새우젓으로 간하며, 달걀, 명란젓, 두부가 재료로 쓰이고 흐린 조치는 고추장과 된장으로 간하며, 생선류, 버섯, 두부 등이 쓰이는데 고추장만 넣어 얼큰하게 끓여도 된다.

조치는 찌개를 일컫는 궁중용어이며, 감정(지짐이)은 찌개보다 국물이 많고 고추장으로 간을 하는 음식이다.

(3) 전골

전골은 육류와 채소류로 밑간을 한 후 색을 맞추어 나란히 돌려 담아 맑은 육수에 진간장으로 간을 한 육수를 붓고 끓인다. 육류로는 콩팥, 안심, 등심, 대합, 낙지 등을 얇게 또는 가늘게 썰어 양념하거나 전유어로 하여 넣는다.

전골은 찌개와 비슷하지만 찌개는 미리 끓여서 내놓는데 비해 전골은 불에 냄비를 얹어두고 요리하면서 먹는 것이 특징이다. 원래의 전골틀은 모자모양으로 국물 담는 곳이 움푹 패인 형태이나, 와전되어 일반적으로 약간 춤이 낮고 넓은 냄비가 전골냄비로 불리며 사용되고 있다. 두부전골, 해물전골, 낙지전골, 버섯전골, 신선로(열구자탕) 등이 있다.

(4) 찜 혹은 선

찜은 반상, 교자상, 주안상 등에 차려내는 요리로서, 주재료에 갖은 양념을 하여 물을 적게 붓고 오래 삶거나 수증기로 쪄서 만드는 조리법이다.

갈비, 닭, 생선 등의 육류 · 어류나 버섯, 두부, 오이, 가지, 호박 등의 채소를 주재료로 하여 양념한 후 푹 익혀서 그 재료의 맛과 양념이 고루 어우러지고 물이 자작하게 조리하는 방법으로 양념한 재료를 찌기도 한다.

육 · 어류로 찜을 하면 '찜'이라 하고 버섯, 두부, 오이, 가지, 호박 등의 채소를 주재료로 찜을 하면 '선'이라 불린다. 찜이라 하면 우선 수증기 찜을 생각하는데 우리나라의 찜 요리는 매우 복잡하여 여러 종류가 있고 육류 요리는 수증기 찜이 거의 없다.

육류로 찜을 할 때는 재료를 익힌 후 양념을 하는데 양념은 한꺼번에 넣으면 재료와 양념의 농도 차에 의하여 양념이 충분히 스며들지 못하고, 재료는 탈수작용에 의하여 딱딱해지므로 양념을 두 차례 이상에 걸쳐 나누어 넣는 것이 좋다. 찜은 양념이 재료 속에 배게 하는 것이 중요하므로 물을 소량 붓고 약불로 오래 끓여 재료 속에 충분히 침투시키는 것이 중요하다.

선은 흰 생선살이나 두부, 호박, 가지, 오이, 배추와 같은 식물성 식품에 소를 넣고 찌는 요리이다. 대개 재료에 녹말을 뿌려서 찐 것으로 식품 고유의 맛과 향을 즐길 수 있다.

(5) 조림과 초(炒)

조림은 고기나 생선을 큼직하게 썰어 진간장이나 고추장으로 강하게 간을 하여 뭉근한 불에서 오래 익히는 조리법이다. 조림은 조미료의 양, 국물의 양, 불 조절에 의하여 맛이 달라진다. 조림은 찌개와 달라 국물의 맛을 내는 것이 중요한 것이 아니라 식품 자체의 맛이 잘 드러나도록 하는 것이 조리의 요점이다.

조림은 재료를 썰 때 너무 부스러지지 않게 하며 재료 사이사이에 조미료를 가하여 어느 부분이나 같은 맛이 나도록 해야 한다. 조리기 시작할 때는 센불에서 시작하며 끓기 시작하면 불을 약간 약하게 하되 계속적으로 끓을 정도로 조절하고, 재료가 무르면 불을 아주 약하게 하여 밑이 타지 않도록 뜸 들이는 정도로 둔다. 생선조림은 조미료를 끓이다가 생선을 넣어야 생선살이 부서지지 않는다. 처음부터 넣어 오래 끓이게 되면 맛도 덜하며 살도 부서진다.

초는 조림과 같은 방법으로 하되 조림의 국물에 녹말가루를 풀어 넣어 윤기가 나게 조린 것으로 전복초 · 홍합초 등이 있다.

(6) 전(전유어, 저냐)

전은 글자 그대로 기름에 지진다는 뜻으로 전유어를 줄여 '저냐, 전'이라고도 한다. 철제기구인 번철의 발달과 기름의 식용이 가능해지면서 직화로 굽던 구이 음식은 밀가루나 달걀물을 씌워 지지는 전의 형태로 발달하였다.

전은 고기, 생선, 채소 등의 재료를 다져 반대기를 짓거나, 작고 얇게 저며 소금으로 밑간을 하여 밀가루를 묻히고 달걀물을 씌워 번철에 기름을 두르고 지지는 조리법이다. 달걀을 사용하여 색이 아름답고 지지는 기름의 풍미가 있어, 명절이나 큰 일을 치를 때는 꼭 빠지지 않으며, 주로 반상, 면상, 교자상, 주안상 등에 차려진다.

대개 초간장을 곁들여 찍어 먹으며 채소전은 지방에 따라 초고추장을 찍어 먹기도 한다. 전은 따뜻할 때 먹으면 한층 맛이 좋은데 곱게 지진 전은 타지 않고 노릇하게 속까지 잘 익고 수분이 돌지 않아야 한다.

(7) 구이

구이는 인간이 불을 사용한 이후 가열조리법 중 가장 먼저 시작된 조리법으로 우리나라에서는 일찍부터 '적(炙)'이란 조리법에서 발달하였으며 육적과 어적의 기본은 19세기에 이르러 외관이 변형되면서 오늘에 이르렀다.

재료를 꼬챙이에 꿰거나 석쇠에 얹어 직접 불길을 쬐어서 직화로 굽는 것을 직접구이라 하고 번철을 달구어서 굽는 것을 간접구이라 한다. 직화에서 구워지는 음식은 구울 때 형성되는 훈연효과에 의해 구이 특유의 맛이 난다. 간을 하는 재료에 따라 소금으로 간을 하는 소금구이, 양념을 발라굽는 간장 양념구이와 고추장 양념구이로 나눌 수 있다.

구이의 재료로는 소고기, 돼지고기, 닭고기 등의 수조육류와 소 내장(소 염통, 소 콩팥), 갈비, 어패류(대합, 오징어, 민어, 뱅어포, 병어), 더덕 등의 채소류, 송이버섯 등의 버섯류, 김 등의 해조류 등이 다양하게 이용된다. 우리나라의 전통적인 고기구이는 불고기의 원조인 맥적이며, '맥(貊)' 이란 고구려를 뜻하므로 고구려의 고기구이라는 뜻이다.

육류구이 양념의 기본은 거의 간장이지만, 간장에 고추장을 걸쭉하게 가미한 후 설탕과 참기름의 분량을 좀 더 많이 하여 조리하고 연한 부위는 소금구이도 한다.

생선은 간장, 설탕, 다진 파 · 마늘, 깨소금, 참기름, 실고추 등을 혼합한 양념장에 재워 두었다가 굽는 양념장 구이, 생선 무게의 약 2%가량의 소금을 뿌려 20~30분간 두었다가 소금이 표면에서 사라진 후 참기름을 발라가며 굽는 소금구이와 고추장을 섞은 양념장에 재웠다 굽는 고추장구이 조리법이 있다.

대합이나 소라 등의 어패류는 꼬챙이에 꽂아 양념장에 재워 발라가며 굽는 꼬치구이와 살짝 찐 다음 양념하여 굽는 구이가 있으며, 채소는 주로 더덕이 많이 이용된다. 구이 요리는 조리하면서 먹거나 조리 후 즉시 상에 내야 제맛을 내는 더운 음식이다.

(8) 적(炙)

적은 꼬치에 꿰어서 굽는 조리법의 총칭으로 대나무로 다듬은 산적꼬치에 어 · 육류나 채소 등을 양념하여 꿰어 불에 굽거나 지지는 조리법이다. 적에는 산적과 누르미가 있고 누르미는 지금의 누름적의 유래이다. 산적은 생재료를 양념하여 꿰어 옷을 입히지 않고 굽는 요리이며 간장에 다시 졸이는 장산적과 섭산적같이 꼬치에 꿰지 않고 굽는 것도 있다. 익혀 끼우면 누름적, 밀가루를 묻혀 달걀을 입혀 지지면 지짐누름적이라 하며 지짐누름적은 꼬치를 빼고 담아낸다.

(9) 나물

나물에는 익혀서 만드는 숙채와 날것으로 무치는 생채, 그리고 고기와 여러 가지 재료를 섞어서 만드는 잡채가 있다. 나물의 양념으로 가장 중요한 것은 참기름으로 나물과 참기름의 조화는 우리나라 나물 문화의 특징이다.

채소의 섬유질 함량에 따라 적당히 삶고 각 나물의 향과 맛을 잘 살리도록 양념을 적당히 넣어 무치는 것이 중요하다.

숙채는 채소를 볶든가 끓는 물에 데쳐서 양념하는 방법이다. 생채는 보통 채소를 익히지 않고 무치는 조리법으로 식초를 넣어 새콤하게 무치는 것이 특징이다. 생채는 숙채보다 훨씬 산뜻하고 재료의 맛이 그대로 살아 있으며, 비타민 C와 섬유소도 충분히 섭취할 수 있다. 물론 모든 채소가 생채 재료로 다 적당한 것은 아니며 대체로 오이, 무, 도라지, 더덕, 상추, 쑥갓, 당근 등을 많이 이용한다.

생채 요리의 양념으로는 고춧가루 또는 고추장에 식초와 설탕을 비롯한 양념을 넣어 무치거나 초간장, 겨자즙, 잣즙(실백냉채), 호두즙(호두냉채) 등을 사용한다.

(10) 회와 숙회

회는 육류, 어패류, 채소 등을 날로 또는 익혀서 초간장, 초고추장, 겨자장, 소금기름 등에 찍어 먹는 음식으로 주안상에 많이 차려진다.

생것을 먹는 회는 소고기 살코기로 만든 육회와 간, 처녑, 양 등의 내장으로 만든 갑회가 있으며 신선한 흰살 생선과 굴, 해삼 등도 있다.

숙회는 익힌 회로 오징어, 문어, 낙지, 새우, 미나리, 실파, 두릅을 끓는 물에 살짝 익혀 만든다.

(11) 자반, 장아찌 및 장과

자반은 주안상이나 교자상에 많이 사용되며 오래 보관할 수 있어 밑반찬으로 좋은 음식으로 육포, 어포, 튀각, 부각, 어란 등이 있다.

육포는 소고기를 간장으로 조미하여 말린 것이고 어포는 흰살 생선을 얇게 저며 조미하여 말린 음식이며 생선을 통째로 소금에 절여 말린 염 · 건어류가 있다.

튀각은 다시마, 침죽나무 잎, 호두 따위를 기름에 튀겨 소금 간한 것이다. 부각은 감자, 고추, 깻잎, 김, 참죽나무 잎 등의 재료를 그대로 말리거나 찹쌀풀을 쑤어 발라 두었다가 기름에 튀겨 소금 간하여 먹는 음식으로, 각종 채소를 가을볕에 말려 두었다가 장아찌, 숙채, 부각 등을 만들면 좋다.

장아찌는 마늘, 마늘쫑, 무, 더덕, 오이 등의 채소가 많이 생산되는 계절에 간장, 고추장, 된장이나 식초, 젓갈 등에 넣어 절여 두었다가 오래 먹는 밑반찬으로 날로 만드는 것이다. 먹기 직전에 참기름, 설탕, 깨소금으로 다시 조미하여 먹는다. 장아찌에 속하는 장과는 주로 궁중에서 만들던 것으로 재료를 장에 담그는 것이 아니라 재료가 되는 채소와 볶은 고기 등을 간장으로 조린 것이다.

(12) 젓갈과 식해

젓갈은 생선을 주로 사용하며 조개, 새우, 게 등의 갑각류나 오징어, 꼴뚜기 등의 두족류 등을 통째로 또는 절단하거나 어류의 내장이나 알만을 따로 모아 20% 내외의 소금에 버무려 부패균의 번식을 억제하면서 2~3개월 동안 상온에서 숙성시켜 만든다. 젓갈은 반찬용과 김치용으로 많이 이용되는데 김치용으로는 주로 젓국의 형태로 사용한다.

발효된 젓갈을 6~12개월 상온에서 발효시켜 육질이 모두 분해되도록 한 후 저어서 마쇄하고 체에 걸러 끓여 살균하여 만든 젓국은 김치제조에 주로 사용되며, 간장처럼 조미료로 사용되기도 한다. 김치용 젓갈은 새우젓, 멸치젓, 조기젓(황석어젓) 등이 많이 사용되고 남쪽에서는 멸치젓, 중부에서는 조기젓과 새우젓 그리고 북쪽에서는 조기젓을 많이 사용한다.

식해는 내장을 제거한 생선 전체를 뼈째 먹을 수 있도록 염장 · 발효시킨 저장식품이다. 내장을 제거하고 씻은 후 적당한 크기로 자르거나 칼집을 낸 후 6~8%의 소금을 버무려 하룻밤 절인 후에, 미리 삶아서 식힌 조밥(혹은 쌀밥), 고춧가루, 다진 마늘 등과 혼합하여 상온에서 2~3일간 숙성시킨다.

경상도의 마른고기식해와 진주식해, 황해도의 연안식해, 강원도의 북어식해, 가자미식해, 오징어식해와 동태식해, 함경도의 가자미식해가 유명하다.

(13) 김치

김치는 우리나라를 대표하는 음식으로 무 · 배추 등의 주재료에 젓갈, 고춧가루, 파, 마늘, 생강 등의 부재료를 섞어 유산균 발효에 의해 익히는 음식이다. 김치가 알맞게 익었을 때 영양가가 가장 높고 젖산, 구연산, 옥살산, 식초산 등이 생겨 새콤하며 부수적으로 생성되는 탄산가스에 의해 시원한 맛이 생성된다.

우리나라에서는 상고시대부터 발효성 식품 가공법을 활용하였으리라 짐작할 수 있는데 지금의 장아찌와 같은 것이다. 김치에 이용된 재료는 식용이 가능한 산채소나 들채소 중에 소금 절임에 견딜 수 있는 것이다.

김치 담금법은 소금에만 절이는 것, 소금과 술 또는 술 지게미에 절이는 것, 소금과 쌀죽을 섞어 절이는 것, 소금과 식초를 섞어 절이는 것 등을 볼 수 있다.

고려시대 이규보의 詩文 『諸葛菜』에 순무의 소금 절임과 동치미가 보이는데, 이 시기에는 지금과 같은 김치 형태가 아닌 고추가 전래되기 이전의 담백한 채소 절임류 형태이다. 당시에 소금에 절이는 형태를 염지(鹽漬)라 하고 무에 마늘을 섞어 재운다 하여 침채(沈菜)라는 특유의 이름이 붙었다. 이 침채라는 이름이 구개음화 현상에 의해 발음되어 침채 → 팀채 → 담채 → 김채 → 김치로 되어 오늘에 와서는 김치라 불리는 것이다.

17세기 임진왜란 후 일본에서 고추가 유입되어 김치에 고추를 섞어 넣었다. 그러나 지금처럼 매운 고추를 넣게 된 것은 근대에 이르러서이다. 19세기 말부터 김장용 통배추가 재배에 성공하기 시작하였고 고추의 사용량도 크게 증가한 것으로 여겨진다. 조선 후기에 와서 다른 음식법에 비해 김치 제조법은 비약적으로 개발되어 우리 고유의 김치 담그는 법을 확립하는 발전적 계기가 되었다.

김치의 종류는 담그는 때에 따라 보통 때에 담그는 맛김치와 김장김치로 대별되며, 양념류에 젓갈을 넣는 젓갈김치와 넣지 않는 물김치로 대별한다.

계절에 따른 분류로는 여름김치와 봄김치가 있다. 재료 · 시기 · 지방에 따라 그 종류도 다양하여 주재료인 채소류와 식염 외에 고추, 마늘, 생강, 파 등의 향신료와 새우젓, 멸치젓, 황석어젓(조기젓) 등의 젓갈류, 그 밖에 지역이나 계절에 따른 원료 사정 및 기후 풍토에 따른 식염 가감이나 기호에 맞게 양념 조절을 하는 등 다양하게 만들어지며 종류는 200여 종이나 된다. 오늘날까지도 가장 널리 담가 먹는 김치는 통김치, 섞박지, 보쌈김치, 동치미, 깍두기, 백김치 등이 있다.

[후식류]

(1) 떡

떡은 제사나 잔치, 토속 신앙을 배경으로 한 행제, 무의, 절식 등에서 첫째가는 음식으로, 주식인 동시에 별식으로 이용되었으나 현대에는 별식으로만 자리 잡고 있다.

떡은 만드는 방법에 따라 시루에 찐 시루편과 가루에 물을 주어 찌거나 반죽하여 만든 물편으로 나눈다. 재료별로 보면 멥쌀로 만드는 떡, 찹쌀로 만드는 떡, 그리고 잡곡이나 그 밖의 재료로 만드는 여러 가지 떡이 있다.

① 찌는 떡(증병, 甑餠)

곡물가루를 시루에서 증기로 쪄내는 떡으로 설기떡(무리떡)과 켜떡이 있다. 설기떡은 쌀가루에 물을 내려 한 덩어리가 되게 찐 떡이며 대표적인 것으로 쌀가루만으로 만든 백설기가 있으며, 쌀가루에 섞은 재료에 따라 콩설기 · 쑥설기 · 감설기 · 잡과병 · 당귀병 등이 있다.

켜떡은 쌀가루로 켜를 만들어 그 사이에 고물을 넣고 찐 떡으로 멥쌀가루나 찹쌀가루를 사용하고 고물로는 팥 · 녹두 · 깨 등을 쓰거나 각색 편처럼 고물 대신 밤채 · 대추채 · 석이채 · 잣 등의 고명을 얹어 찌기도 한다. 쌀가루에 여러 가지 재료를 섞어 찌기도 하며 절기에 따라 봄에는 쑥떡, 여름에는 상추떡 · 수리취떡, 가을에는 물호박떡 · 무떡, 겨울에는 호박고지떡 · 잡과병 등의 시루떡을 만든다.

② 치는 떡(도병, 擣餠)

멥쌀가루나 찹쌀을 시루에 쪄서 절구나 안반에 끈기나게 쳐서 만드는 떡을 기본으로 하여 만드는 떡으로 인절미 · 흰떡 · 절편 · 개피떡 등이 있다. 친 떡을 모양내어 고물에 묻힌 것이 인절미, 길게 비벼 막대 모양으로 한 것이 흰(가래)떡이고, 길게 빚어 떡살로 모양내어 썬 것이 절편이다. 개피떡은 친 떡을 얇게 밀어 팥소를 넣고 접어 작은 그릇으로 찍어 반달 모양으로 지져 참기름을 바른 떡으로 바람떡이라고도 한다.

③ 빚는 떡

쌀가루를 익반죽하거나 쪄서 모양을 빚은 떡으로 송편, 경단, 단자 등이 있다. 송편은 멥쌀가루를 익반죽하여 콩 · 깨 · 밤 등을 소로 넣어 빚은 후 솔잎을 켜켜로 깔고 찐 떡이다. 송편은 추석에 만드는 떡으로 흰 송편, 송기송편, 쑥 송편이 함께 3색 송편을 이루며 차례를 지낼 때는 토란국을 끓여 함께 올린다. 경단은 찹쌀가루나 차수수가루를 익반죽하여 둥글게 빚어 끓는 물에 삶아 건져 콩고물 · 깨고물 · 팥고물 등의 고물을 묻힌 떡이다.

단자는 반죽한 찹쌀가루에 여러 가지의 재료를 섞어 쪄서 소를 넣고 빚어서 고물을 묻히는 떡이다. 쌀가루에 섞는 재료에 따라 석이단자 · 밤단자 · 대추단자 · 쑥굴리단자 · 유자단자 등이 있다. 주로 괸 떡의 웃기떡으로 쓰이나 후식으로 먹기도 한다.

④ 지지는 떡(전병, 煎餠)

찹쌀가루를 익반죽하여 모양을 빚어서 기름에 지지는 떡으로 화전, 주악, 부꾸미가 있으며 주로 괸 떡의 웃기떡으로 사용하고 후식으로도 먹는다.

화전은 반죽을 빚어 계절에 피는 꽃을 붙여 지지는 것으로 봄에는 진달래, 여름에는 장미, 가을에는 감국을 이용한다. 주악은 찹쌀가루를 익반죽하여 소를 넣고 송편 모양으로 작게 빚어 기름에 튀겨내어 꿀에 재우는 웃기떡이다. 부꾸미는 찹쌀가루나 찰수수가루를 익반죽하여 납작하게 빚어서 번철에 기름을 두르고 지지다가 소를 넣어 반을 접어 붙여서 모양을 내는 떡이다.

(2) 한과류(과정류)

우리나라에서는 전통적으로 과자를 과정류(菓飣類)라고 하며, 외래의 과자와 구별하여 한과류(韓菓類)라고도 한다. 유밀과, 다식, 정과(전과), 과편, 숙실과, 엿강정을 통틀어 말하며 후식, 제사상, 잔치상에 필수적인 음식이다.

한과의 주재료는 대개 곡물, 꿀, 기름이며, 제조법이나 사용되는 종류에 따라 한과류는 유밀과, 강정 · 산자류, 다식, 정과, 과편, 숙실과, 엿강정류로 구분된다.

유밀과는 밀가루를 비롯한 곡물가루를 꿀과 기름을 넣고 반죽하여 기름에 지지거나 튀겨 꿀물에 집청한 것으로 약과, 연약과, 박계, 다식과, 만두과, 강정, 산자, 매작과, 계강과 등이 있으며, 이 중에서 약과가 대표적이다.

강정과 산자는 찹쌀반죽을 쪄내서 썰어 말린 뒤 기름에 튀겨 고물을 묻힌 과자로 이들의 조리법은 비슷하나 다만 써는 과정에서 차이가 나는데, 강정은 갸름하게 썰고 산자는 네모나게 썬 것이다.

다식은 곡물가루, 한약재가루, 꽃가루, 종실, 견과류 등의 재료를 날로 먹을 수 있는 것은 그대로, 날로 먹을 수 없는 것은 볶아서 가루로 만들어 꿀이나 조청 등으로 반죽하여 응집시켜 다식판에 박아낸 것이다. 사용되는 재료의 종류에 따라 송화다식, 흑임자다식, 녹말다식, 승검초다식 등이 있다.

전과(정과)는 비교적 수분이 적고 단단한 식물의 뿌리나 줄기 또는 열매를 삶아 건져 설탕과 조청에 오랫동안 졸인 것으로 주재료에 따라 연근정과, 도라지정과, 유자정과, 동아전과, 생강전과 등이 있다.

숙실과는 과수의 열매를 꿀에 조린 과자로 밤초, 대추초, 조란, 율란, 생란 등이 있다.

엿강정은 견과류나 곡식을 볶거나 그대로 조청이나 엿물에 버무려 서로 붙여 반대기를 지은 후 굳혀 써는 과자로, 주재료에 따라 콩엿강정, 깨엿강정, 땅콩엿강정, 잣엿강정 등이 있다.

[음청류]

음청류(飮淸類)는 '시원한 쾌감을 주는 음료'라는 뜻으로 예로부터 우리나라의 물맛이 맑고 좋았기 때문에 음청류의 역사는 그리 길지 않다. 음청류는 식혜와 감주, 화채류(오미자화채, 과즙화채, 꿀물화채), 생강 끓인 물을 바탕으로 한 음료류, 미시류, 탕류로 분류된다.

식혜는 되직한 흰밥이나 찰밥에 엿기름가루 우린 물을 부어 아밀라아제를 이용하여 밥알을 삭힌 음료이다.

식혜와 감주의 차이점은 감주는 국물과 밥알을 함께 끓여 식힌다는 점이고, 식혜는 국물을 끓여 식히고 밥알은 찬물에 헹궈 건져 두었다가 먹을 때 국물에 띄워 낸다는 점이다.

화채류는 오미자 국물, 과즙, 꿀물에 계절 과일을 저미거나 꽃과 잣을 띄우는 음료로, 오미자 국물을 이용한 화채를 오미자화채라 한다. 국물 위에 띄우는 재료에 따라서 진달래화채, 가련화채, 밀감화채, 보리수단, 창면, 난면 등이 있다.

과일을 고아 낸 과즙에 꿀이나 설탕물을 타고 과일을 띄운 음료를 과즙화채라 하며 산딸기화채 등이 이에 속한다. 꿀물에 각종 과일이나 떡을 띄우는 꿀물화채에는 유자화채, 원소병, 떡수단 등이 있다.

미시류는 곡물을 시루에 찐 다음 말리고 볶아서 가루를 내어 꿀물에 타서 마시는 음료로 찹쌀미시, 보리미시 등이 있다. 탕류는 한약재를 그대로 또는 가루로 하여 한약처럼 오래 고아 달인 것을 말하며 제호탕, 수문탕, 향락탕 등이 있다.

생강 끓인 물을 이용한 음료로는 수정과, 배숙, 향설고 등이 있다. 특히 수정과는 생강과 계피를 달인 물에 곶감을 넣어 부드러워지면 먹는데 향이 독특하여 식혜와 더불어 우리나라 사람들이 즐겨 먹는 음청류 중의 하나이다. 수정과의 주원료는 곶감과 생강즙, 꿀, 잣이다. 생강이나 꿀은 맛을 조절하고 잣은 맛뿐 아니라 영양의 균형과 곶감의 수렴작용을 완화시켜주는 특별한 효과가 있다.

예로부터 담이 많고 기침과 만성 기관지염 등을 앓은 사람에게 좋은 것으로 알려져 있으며, 과음으로 몸 안에 축척된 알코올 성분을 빨리 배설시키고 필요한 과당과 비타민 그리고 수분을 보충해 준다.

3. 한국음식의 양념과 고명

음식을 만들 때는 식품 자체가 가지고 있는 고유한 맛을 살리면서 음식의 특유한 맛을 더하는 양념과, 음식을 아름답게 느끼도록 하여 식욕을 나게 하는 모양과 색을 살리기 위해 장식되는 고명을 사용한다.

양념은 조미료와 향신료로 나눌 수 있으며 한자로는 약념(藥念)으로 표기하는데 "먹어서 몸에 약처럼 이롭기를 바라는 마음으로 여러 가지를 고루 넣어 만든다."는 뜻이 깃들여 있다.

한국의 조미료는 짠맛 · 단맛 · 신맛 · 매운맛 · 쓴맛의 기본 맛을 내는 소금, 간장, 고추장, 된장, 설탕, 꿀, 조청, 엿, 식초 등이 있으며, 좋은 향기 · 매운맛 · 쓴맛 · 고소한 맛을 내는 향신료로는 고추, 파, 마늘, 생강, 천초, 겨자, 후추, 계피, 들기름, 참기름, 깨소금 등이 있다.

한국음식의 고명은 웃기 또는 꾸미라고도 하며 붉은색(赤), 녹색(錄), 노란색(黃), 흰색(白), 검정색(黑) 등의 오색(五色)이 기본으로 식품들이 가지고 있는 고유의 자연색을 이용한다.

붉은색은 붉은 고추 · 실고추 · 대추 · 당근, 녹색은 오이 · 호박 · 미나리 · 실파, 황색은 달걀의 황지단, 백색은 달걀의 백지단, 검정색은 석이버섯 · 목이버섯 · 표고버섯 등이 이용되며 잣, 은행, 호두, 고기완자, 알쌈, 밤 등도 고명으로 많이 쓰인다.

[양념]

(1) 소금

소금은 음식의 맛을 내는 데 있어서 가장 기본적인 조미료로 짠맛을 내며 음식의 종류에 따라 맛있게 느껴지는 농도가 각각 다르다.

소금의 종류는 호렴, 재염, 재재염, 식탁염 등으로 나눌 수 있으며 호렴은 입자가 굵고 색이 검어서 장을 담그거나 채소나 생선을 절일 때 쓰인다. 재염은 조리에 가장 많이 사용되는 희고 부드러운 고운 소금이며, 재재염은 재염에서 다시 불순물을 제거한 것으로 식탁염으로 쓰인다.

소금과 설탕을 같이 넣어 조리할 때는 설탕을 먼저 넣고 소금을 넣는 것이 음식이 연하고 맛있다.

조리 시 처음부터 소금을 넣으면 재료가 잘 무르지 않으므로 익은 다음 넣는 것이 좋다. 그러나 두부와 같이 잘 부서지기 쉬운 재료는 처음부터 넣으면 단단해져서 부스러지지 않는다.

음식물에서 소금의 농도는 생선의 비린내를 없애는 데는 1~2%, 국의 농도는 1~4%, 짜게 조림을 하는 경우는 5%가 적당하다.

(2) 간장

우리나라 음식에서 맛을 내는 중요한 조미료로, 콩으로 만든 우리 고유의 발효식품이다.

간장의 맛을 좌우하는 조건은 메주와 소금물의 비율, 소금물의 농도, 숙성 중의 관리 등이다.

음식에 따라 쓰이는 간장의 종류가 다른데, 국 · 찌개 · 나물 등에는 색이 옅은 청장(국간장)을 쓰고, 조림 · 포 · 초 · 육류양념 등의 조리와 초간장 · 양념간장 제조에는 진간장을 사용한다.

초장(초간장)은 간장에 식초를 넣고, 양념간장은 고춧가루, 다진 파, 다진 마늘, 깨소금, 참기름, 설탕 등을 넣어야 더 맛이 있다.

(3) 된장

된장은 숙성된 간장의 건지를 모아 소금으로 간을 하여 얻는 것으로, 조미료뿐만 아니라 소화되기 쉬운 단백질과 식염의 급원식품이기도 하다.

된장의 종류에는 담북장, 막장, 집장, 생황장, 청태장, 팥장, 청국장 등이 있으며, 주로 토장국과 된장찌개의 맛을 내는 데 쓰이고, 상추쌈이나 호박쌈에 곁들여 내는 쌈장과 장떡의 재료로 쓰인다.

(4) 고추장

고추장은 간장, 된장과 함께 우리 고유의 발효식품으로 세계에서 유일한 매운맛을 내는 복합 발효조미료인 동시에 매운맛, 짠맛, 감칠맛이 잘 어우러진 기호식품이다.

고추장의 종류에는 찹쌀고추장, 보리고추장, 밀가루고추장 등이 있으며 재래식 고추장의 원료는 메주, 고춧가루, 찹쌀, 엿기름, 소금 등이다.

고추장은 토장국이나 고추장찌개의 맛을 내는 데 쓰이고 생채, 숙채, 조림, 구이 등의 조미료, 쌈장과 초고추장, 양념고추장에도 쓰인다.

(5) 설탕, 꿀, 조청, 엿

설탕은 고려시대에 들어온 후 단맛을 내는 조미료로 가장 많이 쓰이는데, 순도가 높을수록 단맛이 산뜻해진다. 당밀분이 많이 포함된 흑설탕과 황설탕보다 정제도가 높은 백설탕의 단맛이 더 강하다.

한과류와 조림 등에 많이 쓰이는 조청은 곡류를 엿기름으로 당화시켜서 만든 누른색의 묽은 엿이고, 조청을 더 고아서 되직하게 하여 식힌 것이 엿이다. 꿀(白淸, 淸)은 꿀벌이 꽃의 꿀을 모아서 만든 천연 감미료로서, 80%가 과당과 포도당으로 단맛이 강하고 음식의 건조를 방지하는 흡습작용을 한다.

(6) 식초

식초는 신맛을 내는 조미료로, 여름에는 시원한 맛을 주며 식욕을 증진시키고 소화흡수를 촉진시키는 작용을 한다. 식초의 종류에는 양조식초(곡물초, 과일초), 합성식초, 혼성식초가 있다.

양조식초는 곡물이나 과실을 발효시켜 만든 각종 유기산과 아미노산이 함유된 건강식품으로, 쌀초, 엿기름초, 현미초, 사과초, 포도초, 소맥초, 감초, 귤초, 증류초, 주정초 등이 있고 합성식초는 빙초산을 물로 희석하여 식초산이 3~4%가 되도록 만든 것이고 혼성식초는 합성식초와 양조식초를 혼합한 것으로 시중에서 많이 볼 수 있다.

우리나라에서 식초는 생채, 겨자채, 냉국 등의 차가운 음식에 넣어 시원하고 신맛을 내게 하며 초간장, 초고추장, 겨자집을 만들 때도 쓰인다.

(7) 고추

고추는 주로 한국음식의 매운맛을 내는 데 쓰이는데, 매운맛 성분인 캡사이신(capsaicine)은 껍질에 많이 들어 있으며 씨에는 적게 들어 있다. 고추는 당성분과 매운맛 성분이 잘 조화되었을 때 좋은 맛을 낸다. 성숙되기 전의 풋고추나 붉은색의 말리지 않은 고추도 사용하며, 말려서 고춧가루를 내거나 실고추로 만들어서 고명으로도 쓴다. 용도에 따라 굵은 고춧가루, 중간 고춧가루, 고운 고춧가루로 나눌 수 있는데, 굵은 고춧가루는 김치용, 중간 고춧가루는 김치나 깍두기용, 고운 고춧가루는 고추장, 조미료용이다.

(8) 파

파는 유기황화물인 독특한 성분이 들어있어 자극적 냄새와 맛을 가진 가장 많이 쓰이는 향신료로 우리 체내에서 비타민 B_1의 흡수를 도와준다. 파에는 굵은 파(대파), 실파, 쪽파, 세파 등이 있는데 파의 흰 부분은 다지거나 채 썰어 양념이나 김치 담글 때 쓰고 파란 부분은 채 썰기를 하여 고명으로 쓰거나 어슷썰기를 하여 찌개나 국에 넣는다. 파의 매운맛을 내는 물질은 가열하면 향미성분이 부드러워지고 단맛이 강해진다.

(9) 마늘

마늘은 썰거나 다지면 휘발성 성분, 즉 유기 황화물, 황화알칼리로 인해 독특한 냄새와 맛이 난다. 마늘의 주성분인 알리신(allicin)은 살균작용을 하여 식물성 항생제라고도 불리며, 파와 마찬가지로 우리 체내에서 비타민 B_1의 흡수를 도와주고 혈액순환을 촉진시켜 준다. 그러나 지나치게 많이 섭취하면 위장장애를 일으키거나 빈혈을 유발시킨다.

곱게 다져서 나물이나 김치 또는 양념장에 사용하고 동치미나 나박김치에는 채 썰거나 납작하게 썰어 넣는다.

(10) 생강

생강은 쓴맛과 매운맛을 내며 강한 향을 가지고 있어서 어패류의 비린내, 육류의 누린내를 없애주며 연하게 하는 효과가 크다.

생선이나 육류를 조리할 때는 생강을 처음부터 넣는 것보다 어느 정도 익은 후에 넣는 것이 좋다. 생강은 알이 굵고 주름이 없는 것이 싱싱하며 음식에 따라 즙만 넣거나 곱게 다지거나 채로 썰어서, 또는 얇게 저며서 사용한다.

(11) 천초

산초라고도 하며 천초나무의 열매와 잎은 매운맛과 독특한 향을 가지고 있어 구충작용이 있다.

열매는 익은 것을 건조시켜 가루를 만들어 추어탕이나 개장국 등 비린내와 기름기가 많은 음식, 사찰음식 등에 사용한다. 천초열매가 덜 익어 푸른색일 때 식초를 부어 삭혀서 간장을 붓고 천초장아찌도 담근다.

그림 1-1 여러 가지 양념

(12) 겨자

겨자는 갓의 씨를 말려서 갈아 가루로 사용하는데, 건조한 상태에서는 매운맛이 없으나, 따뜻한 물에 개어 공기와 접촉하게 되면 톡 쏘는 매운맛이 난다. 이것은 겨자 속의 매운 성분인 시니그린(sinigrin)이 효소 미로시나아제(myrosynase)에 의해 분해되었기 때문이다.

겨자는 식초, 소금, 설탕, 간장을 넣고 개서 겨자집을 만들어 냉면, 냉채, 겨자채 등에 쓴다.

(13) 후추

후추는 매운맛을 내는 향신료로서 어패류의 비린내나 육류의 누린내를 없애고 음식의 향과 맛을 좋게 하고 식욕도 증진시킨다.

검은 후추는 미숙한 후추열매를 천일 건조시킨 후 갈아서 가루로 만든 것으로 육류조리나 진한 음식을 만들 때 사용하며, 흰 후추는 완숙한 후추열매의 껍질을 벗기고 속만 갈아서 만든 것으로 흰살 생선 조리나 색이 연한 음식을 만들 때 사용한다. 통후추는 육류를 삶거나 육수를 만들 때 넣고 배숙 등의 음청류에도 쓰인다.

(14) 계피

계피나무의 얇은 껍질을 말린 것으로 두껍고 큰 것은 육계(肉桂)라 하며 가는 나무가지는 계지(桂枝)라 한다. 통 계피와 계지는 달여서 수정과의 국물이나 계지차로 쓰이며, 육계를 갈아 만든 계핏가루는 떡류, 약밥, 유과류, 전과류, 강정류, 숙실과 등에 많이 쓰이고 설탕시럽(집청꿀)에도 넣어서 독특한 향을 살린다.

(15) 참기름

참기름은 참깨를 볶아서 짠 것으로 고소한 향과 맛을 내므로 우리나라 음식에 가장 많이 쓰이는 기름이다.

특히 독특한 향기가 강해서 나물을 무칠 때 많이 사용하며 약과 · 약식을 만들 때나 양념장을 만들 때도 많이 쓰인다.

(16) 들기름

들기름은 들깨를 볶아서 짠 것으로 참기름과 다른 고소하고 독특한 향을 가지고 있어 김에 발라 굽거나 나물을 무칠 때 사용한다.

들깨를 그대로 갈아서 만든 들깨가루는 생선이나 육류의 비린내 · 누린내를 없애거나 음식의 맛을 돋우기 위해 된장국과 냉국에 넣기도 한다.

(17) 깨소금

깨소금은 잘 여문 참깨를 알맞게 볶아서 소금을 약간 넣어 반쯤 빻은 것으로 고소한 맛이 독특해서 나물을 무칠 때 쓰거나 고기를 양념할 때 쓴다.

겉껍질을 말끔히 없애고 씻어 볶은 실깨도 있다. 참깨는 볶아서 오래 두면 향이 약해지므로 잘 보관해야 한다.

[고명]

(1) 달걀지단(알고명)

달걀을 흰자와 노른자로 나누어서 소금 간을 하고 번철에 기름을 두르고 풀어놓은 달걀을 얇게 펴서 양면을 지진 것으로 우리나라 음식 중에서 황지단과 백지단은 각각 노란색과 흰색의 대표적인 고명으로 가장 많이 쓰인다.

채를 썬 지단은 국수류, 나물이나 잡채, 구절판에 쓰이고 골패형과 완자형은 떡국이나 만두국 등의 국이나 찜, 전골 등에 쓰인다.

(2) 알쌈

소고기를 다져서 양념한 후 콩알만하게 완자를 빚어서 번철에 기름을 두르고 지진다. 그리고 달걀을 풀어 번철에 3~4cm 타원형으로 지지면서 완자를 한쪽에 놓고 다른 한쪽을 반달모양으로 포개어 얹어 지진다.

(3) 미나리 초대

미나리를 깨끗이 씻은 후 줄기부분만 다듬어 꼬치에 굵은 쪽과 가는 쪽을 번갈아 빈틈없이 꿰어서 가로 · 세로 약 10cm의 넓이로 네모지게 만든다.

밀가루를 고루 묻혀서 털어내고 소금간을 한 달걀물에 적셔 번철에 기름을 두르고 양면을 지진 다음 식혀서 꼬치를 빼내고 완자형이나 골패형으로 썰어 탕, 찜, 전골, 신선로 등에 넣는다.

가는 실파를 미나리 초대와 같은 방법으로 부쳐서 파 초대를 만들어 고명으로도 쓴다.

(4) 잣(실백)

잣은 굵고 통통하며 기름이 겉으로 배이지 않고 보송보송한 것이 좋다. 잣은 뾰족한 쪽의 고깔을 떼고 통째로 사용하거나 길이로 2~3등분하여 비늘잣으로 사용하며 다져서 잣가루(잣소금)를 만들어 쓴다.

잣가루를 만들 때는 종이를 깔고 잘 드는 칼로 보슬보슬하게 다져야 된다.

통잣은 전골 · 탕 · 신선로 등의 고명이나 떡류 · 한과류의 재료로 쓰거나 차나 화채에 띄우고, 비늘잣은 만두소나 편의 고명으로 쓴다. 잣가루는 회나 적, 구절판, 전복초, 홍합초, 육포 등의 완성된 음식 위에 뿌려서 모양을 낸다.

(5) 은행

은행은 겉껍질을 까서 번철에 기름을 두르고 굴리면서 살짝 볶아서 새파랗게 되면 마른 종이나 마른 행주에 싸서 비빈 후 속껍질을 벗기고 신선로, 전골, 찜 등의 고명으로 쓴다.

소금을 약간 넣고 끓는 물에 넣어 삶아서 벗기는 방법도 있다.

(6) 호두

호두는 겉껍질을 깨서 벗기고 반으로 갈라서 따뜻한 물에 10~15분 정도 담가 두었다가 끝이 뾰족한 것으로 속껍질을 벗겨서 사용한다.

생김새가 독특하여 찜, 전골, 신선로 등의 고명으로 쓰이고 속껍질을 벗긴 호두에 녹말가루를 입혀 기름에 튀겨서 마른 안주로도 쓴다.

(7) 대추

대추는 찬물에 담갔다가 씻어 마른 행주로 닦고 살만 발라내서 채로 썰어 실고추처럼 붉은색의 고명으로 쓰이는데, 단맛 때문에 어느 음식에나 어울리지는 않는다. 떡류나 한과류에 많이 쓰이며 곱게 채를 썰어 보쌈김치, 백김치, 식혜, 차 등에 띄운다.

(8) 밤

밤은 속껍질까지 깨끗이 벗긴 후 찜에는 통째로 넣고 예쁘게 친 생률은 제수용이나 마른 안주로 많이 쓴다. 채를 썰거나 편으로 썰어 떡고물로 쓰거나 삶아서 체에 걸러 단자와 경단의 고물로도 쓴다. 납작하고 얇게 썰어서 보쌈김치, 겨자채, 냉채 등에 넣는다.

(9) 표고버섯

마른 표고는 물로 헹구어 낸 후 미지근하거나 따뜻한 물에 부드러워질 때까지 충분히 불려서 버섯기둥을 떼고 용도에 맞게 골패형이나 은행잎 모양 또는 채로 썰어서 사용된다.

표고버섯을 담근 물은 맛 성분이 우러나 있으므로 국이나 찌개의 국물로 이용하면 좋다.

전을 부칠 때는 작은 것을 골라 간장, 설탕, 참기름 등으로 양념하여 쓰고 고명으로 쓸 때는 간장, 설탕, 깨소금, 참기름, 다진 파, 다진 마늘, 후추로 양념하여 볶는다.

(10) 석이버섯

석이버섯은 뜨거운 물에 불린 후 양손으로 비벼서 안쪽의 이끼를 말끔히 벗기고 깨끗한 물로 헹구어 배꼽을 떼고 용도에 맞게 썰어서 사용한다.

석이를 채로 썰 때는 말아서 썰고 석이채는 보쌈김치, 국수, 잡채, 선, 떡 등의 웃고명으로 쓴다.

또 석이를 깨끗이 손질하여 바싹 말려서 고운 가루를 만들어 흰자에 섞어 석이지단을 부치거나 석이버섯 단자에 사용하면 좋다.

그림 1-2 여러 가지 고명 및 여러 가지 썰기

(11) 실고추, 붉은 고추

붉은색이 고운 말린 고추의 씨를 발라내고 젖은 행주로 덮었다가 곱게 채 썬 것을 나물이나 국수의 고명으로 쓰거나 나박김치 등의 김치류에 쓴다.

시중에 기계로 썰어 파는 것은 짧게 끊어서 고명으로 쓰는 것이 좋다.

말리지 않은 붉은 고추는 씨를 빼고 채 썰거나 완자형, 골패형으로 썰어 고명으로 쓴다.

(12) 통깨

참깨를 잘 일어 씻고 물기를 뺀 다음 볶거나 겉껍질을 말끔히 없애고 실깨를 만들어 나물, 잡채, 적, 구이 등의 고명으로 쓴다.

(13) 고기완자

소고기의 살을 곱게 다지거나 다진 소고기에 두부 $^{1}/_{5}$ 정도를 꼭 짜서 넣고 고기양념하여 고루 섞어서 은행만하게 둥글게 빚는다. 완자의 크기는 음식에 따라 직경 1~2cm 정도로 빚고 고기양념은 간장 대신에 소금으로 하는 경우가 많다.

둥글게 빚은 완자는 밀가루를 얇게 입히고 달걀물을 입혀서 번철에 기름을 두르고 굴리면서 전체를 고르게 지진다. 고기완자는 면이나 전골, 신선로의 고명으로 쓰고, 완자탕의 건지로도 쓰인다.

4. 한국음식의 상차림과 식단작성

상차림이란 한 상에 여러 가지 음식을 모아 차린 것으로, 한 상에 차리는 음식의 내용을 적은 것을 음식발기(飮食發記) 또는 찬품단자(饌品單子)라고 하는데, 요즈음의 식단(食單)이라 할 수 있다.

우리의 상차림에는 일상식의 상차림인 반상 · 장국상(면상) · 죽상 · 주안상 · 교자상 · 얼교자상 · 다과상이 있으며, 의례식의 상차림인 백일상 · 돌상 · 혼례상 · 생신상 · 회갑 · 수연상 · 제상 · 차례상 등이 있다.

상차림의 유형은 그 시대의 경제 · 문화 · 정치적인 영향이 크며, 의복이나 주거양식과도 그 연관성이 크다. 우리나라에서 평소 사용하고 있는 상차림은 반상이 기본이 되는데, 지금과 같은 좌식 상차림의 기본은 조선시대에 정립된 것으로 보인다.

1. 일상식 상차림

반상차림의 일반적인 원칙을 살펴보면, 반상에 기본적으로 차리는 음식은 밥, 국, 김치, 장류, 찜, 찌개로 첩 수에 세지 않는다. 첩 수에 들어가는 찬품은 생채 · 숙채 · 구이 · 조림 · 전 · 장과, 마른 찬, 젓갈, 회, 편육 등으로 쟁첩에 담는다.

반상에 차려지는 찬품의 수에 따라 3첩 · 5첩 · 7첩 · 9첩 · 12첩으로 나누는데, 조선시대 궁중에서는 12첩 반상을 차렸으나 사대부집에서는 9첩 반상까지만 차리도록 하였다고 한다.

표 1-2 반상차림의 구성

구분	기본음식(첩 수에 들어가지 않는 음식)							쟁첩에 담는 음식(첩 수에 들어가는 음식)									
	밥	국	김치	장류	찌개	찜	전골	생채	숙채	구이	조림	전	장과	마른찬	젓갈	회	편육
3첩	1	1	1	1				택 1		택 1		×	택 1			×	×
5첩	1	1	2	2	1			택 1		1	1	1	택 1			×	
7첩	1	1	2	3	1	택 1		1	1	1	1	1	택 1			택 1	
9첩	1	1	3	3	2	1	1	1	1	1	1	1	1	1	1	택 1	

표 1-3 일상식 상차림의 종류와 찬품단자

상차림	음식명
죽상	**응이상** : 응이, 마른 찬, 동치미, 꿀, 소금
	미음상 : 삼합미음, 마른 찬, 동치미 또는 나박김치, 간장 또는 소금, 꿀
	죽상 : 죽, 마른 찬, 맑은 찌개, 자반, 동치미 또는 나박김치, 간장 또는 소금, 꿀
반상 (12첩)	**기본음식** : 진지, 탕, 조치, 전골, 찜 또는 선, 청장, 초장, 초고추장, 새우젓국, 김치류(배추김치, 동치미, 깍두기) **찬류** : 찬 구이, 더운 구이, 편육, 전유화, 숙채, 생채, 조리개, 장과, 젓갈, 마른 찬(자반), 별반 2종(육회, 숙란, 수란)
장국상 (면상)	**주식** : 온면, 냉면, 떡국(떡국, 찜, 편육, 배추김치, 청장, 초장), 만둣국(만둣국, 편육, 청장, 초장, 새우젓국, 나박김치, 배추김치) **부식** : 찜, 겨자채, 잡채, 편육, 전, 배추김치, 나박김치, 생채, 잡채, 전 3색편, 각색편, 완자, 경단류 중에서 한두 가지 식혜, 수정과, 여러 가지 화채류 중에서 한 가지
주안상 (9품)	주식(온면, 냉면, 떡국), 약주, 깻국탕, 완자탕, 어알탕, 마른 안주(포, 부각, 자반, 은행볶음), 대하찜, 진안주(편육, 녹두지짐, 밀적, 누름적, 화양적), 회(갑회, 육회, 병어회, 어선, 어만두, 어채, 어회), 구절판, 나물, 수란, 젓갈(명란젓, 굴젓), 겨자즙, 새우젓국, 초장, 초고추장, 찜(닭찜, 도미찜, 사태찜, 갈비찜), 구이(갈비구이, 너비아니구이, 송이산적, 떡산적), 전유어(생선전, 채소전, 내장전, 굴전), 각색전골(신선로, 채소전골, 낙지전골), 김치(장김치, 닭김치, 보쌈김치, 오이소박이)
교자상 (夏)	깨죽, 영계백숙, 편육, 전유화, 생채, 오이선, 사슬적 또는 어산적, 구절판, 어회 또는 어선, 김치(오이소박이, 닭김치), 냉면, 청장, 초장, 초고추장, 새우젓국, 생실과, 겨자즙, 화채 또는 각종 차, 약주
교자상 (冬)	잣죽, 열구자탕(신선로), 편육(양지머리, 제육), 찜, 전유화, 겨자채, 화양적, 회(갑회, 어회), 김치(배추김치, 장김치), 온면, 청장, 초장, 초고추장, 새우젓국, 생실과, 식혜 또는 수정과, 각종차, 약주, 겨자즙
다과상	유밀과(약과, 매작과, 만두과), 각색 다식, 각색 강정, 유과, 각색 정과, 숙실과(대추초, 밤초, 조란, 율란, 생란), 생실과, 화채(오미자화채, 유자화채, 보리수단, 원소병), 식혜, 수정과, 각종 차(녹차, 생강차, 계피차, 칡차, 모과차, 대추차)

2. 통과의례식의 상차림

사람이 태어나서 죽을 때까지 치르는 의식을 통과의례라고 하며, 모든 의식은 정해진 의례에 따라 의례음식을 차렸다. 그 중에서도 관례 · 혼례 · 상례 · 제례 등을 사례(四禮)라고 하여 매우 중요시하였는데, 그 중에서 상례와 제례는 자손이 치르게 되는 의례이다. 통과의례 상차림에는 삼신상부터, 백일상, 돌상, 관례상(성년식), 혼례상, 큰상, 회갑상, 제상, 차례상 등이 있다.

(1) 돌상차림

아기의 만 1년 되는 첫 생일을 축하하여 돌상을 차리고, 돌잡이를 시키면서 아기의 장수, 자손의 번영, 다재다복을 기원하는 상차림이다.

돌상에는 순수 무궁한 발전을 기리는 백설기, 자손의 번영을 축복하는 대추, 식복을 기원하는 쌀, 수명 장수를 기원하는 면(국수)·경단·무명타래실·청홍색타래실, 재주가 많기를 기원하는 책·붓·먹·벼루 등을 놓았다. 또한 남아에게는 용맹을 상징하는 활과 화살, 여아에게는 바느질을 잘 하라는 뜻으로 자를 놓아 주었으며, 앞날의 부(富)를 기원하는 돈, 문운(文運)을 기원하는 책도 놓았다.

돌상에는 떡으로는 수수경단과 백설기, 대추·복숭아·참외·포도·자두 등의 오과를 놓았다.

(2) 큰상차림

혼례, 회갑, 진갑, 희년, 회혼례 등을 경축하여 차리는 상차림으로 고배상(高排床) 또는 망상(望床)이라고도 한다. 현대에는 인간의 시간과 노력, 경제적인 낭비를 줄이는 방향으로 변모하였으며 뜻있는 날에 진정으로 축하하는 마음이 더욱 중요시되고 있다. 고배상에 차리는 음식의 종류는 계절, 가풍, 형편 등에 따라서 일정한 규칙은 없으나 대체로 다음과 같은 음식을 준비하였다.

① 편(떡) : 백편, 꿀편, 화전, 주악, 단자 등
② 강정 : 깨강정, 실백강정, 매화강정 등
③ 유밀과 : 약과, 매작과, 중백기, 만두과 등
④ 생실과 : 사과, 배, 귤, 감, 밤(생률) 등
⑤ 건과 : 대추, 호두, 은행, 실백, 곶감, 황률 등
⑥ 정과 : 도라지정과, 인삼정과, 연근정과, 밤초, 대추초 등
⑦ 다식 : 흑임자다식, 콩다식, 송화다식, 승검초다식, 녹말다식, 밤다식 등
⑧ 당속(사탕류) : 팔보당, 온당, 옥춘당, 줄병 등
⑨ 적 : 육적, 어적, 봉적(닭고기)
⑩ 여러 가지 전유어와 전복초, 홍합초 등
⑪ 편육 : 쇠머리편육, 양지머리편육, 제육, 족편
⑫ 건어물 : 어포, 육포, 문어오림, 건전복 등

(3) 제사상차림

제사는 고인의 기일 전날 지내는 것으로 정성과 추모의 뜻을 가지고 각 가정의 경제사정에 따라 전통과 범절에 맞추어 지내면 된다. 제사음식은 화려한 색상이나 심한 비린내는 금하며 고인이 평소에 즐기던 음식을 올려도 무방하다. 전통적으로 내려오는 제사상의 음식은 다음과 같다.

① 젯메(밥) : 흰 쌀밥을 밥그릇에 소복하게 담아 뜨거울 때 올린다.
② 탕(국) : 단탕, 3탕(육탕, 어탕, 소탕), 5탕(육탕, 어탕, 소탕, 봉탕, 잡탕) 등으로 국물은 적게 하고 건더기를 소복하게 담는다.
③ 적 : 단적, 3적(육적, 어적, 소적), 5적(육적, 어적, 소적, 봉적, 채소적)
④ 포 : 육포, 어포, 북어포, 건전복, 건문어포 등
⑤ 갈납 : 전유어로 육전, 생선전, 간전, 갈납전(버섯, 고기, 우엉, 당근, 파 등)을 곁들여 담는다.
⑥ 나물 : 고사리, 도라지, 버섯, 고비, 미나리, 시금치 등으로 삼색나물을 담는다.
⑦ 편(떡) : 백편, 꿀편, 신검초편, 주악 등
⑧ 식혜 : 식혜 밥만을 제기에 소복하게 담고 위에 대추를 썰어서 얹는다.

이 외에 숙과, 유과, 건과, 생실과, 제주(청주), 나박김치, 청장, 초장, 꿀(편청) 등을 차렸다. 지내는 사람을 기준으로 제사상 진설 시, 과일(홍동백서 紅東白西), 육류 · 어물(어동육서 魚東肉西), 어물(동두서미 東頭西尾), 포 · 식혜(좌포우혜 左脯右醯), 떡 · 국수(병동면서 餠東麵西) 등의 원칙에 따른다.

5. 한국의 명절음식과 시절식

우리나라의 음식풍속으로는 명절 때마다 해 먹는 음식인 절식(節食)과 춘하추동 제철에 나는 식품으로 만드는 음식인 시식(時食)이 있다.

연중행사와 풍속을 묘사한 홍석모의 동국세시기(東國歲時記, 1849)에서는 절기에 따른 명절을 설날, 입춘, 정월대보름, 중화절(음력 2월 초하루), 삼월 삼신날, 한식, 사월초파일, 단오, 유두일(음력 6월 보름), 삼복, 칠석, 추석, 중양절(음력 9월 9일), 시월 무오리, 동지, 납일(섣달그믐) 등으로 기술하고 있다.

세시음식에는 각 절기의 자연식품을 이용하여 음식을 만들어 먹음으로써 몸을 보양하고, 조상을 숭배, 풍년을 기원, 재앙의 방지를 기원, 초복(招福)을 비는 등의 생활철학이 담겨져 있다고 할 수 있다.

(1) 설날

정초에 차례를 지내기 위해 만드는 음식과 세배손님들에게 대접하기 위해 내는 음식들을 세찬이라고 한다. 설날의 절식으로는 떡국, 조롱떡국(개성떡국), 만두국, 편육, 누름적, 떡찜, 동치미, 장김치, 약식, 약과, 다식, 전과, 강정, 전야, 전복초, 숙실과, 생실과, 수정과, 식혜 등이 있으며, 떡국을 끓일 때 예전에는 꿩고기를 많이 썼으나 지금은 소고기나 닭고기 등을 쓰고 있다.

(2) 입춘

입춘은 봄이 시작되는 절기로, 집집마다 대문이나 기둥에 입춘대길(立春大吉)이라는 글귀를 붙이는 좋은 명절날이다.

움파, 산갓, 당귀 싹, 미나리 싹, 무 싹 등을 끓는 물에 삶아 초장이나 겨자, 꿀물에 찍어 먹는 오신반(五辛盤)이라는 절식이 있었으나 지금은 찾아보기 힘들다.

(3) 정월대보름

상원절식(上元節食)으로는, 약식, 오곡밥(쌀, 조, 수수, 팥, 콩), 부럼(작절), 이명주(귀밝이술), 상원채(박나물, 버섯, 시래기, 가지나물, 고비, 도라지, 콩나물, 무, 숙주 등 갖가지 나물), 복쌈, 약식, 유밀과, 원소병, 적두증병(붉은 팥시루떡)이 있고, 연중 평온과 풍년을 기원하는 동신제를 민가에서 지내고 제물로 술, 복어, 떡, 대추, 밤, 곶감 등을 바친다.

(4) 중화절

중화절은 이월 초하룻날로, 노비들에게 나이 수만큼 송편을 먹이고 하루 일을 쉬게 하여 노비일이라고도 하였다고 한다. 중화절의 절식으로는 노비송편(소는 팥, 콩, 꿀, 대추)과 시래기떡을 액막이로 먹었는데, 지금은 송편을 해먹는 풍습만 남아 있다.

(5) 삼짇날

삼짇날(3월 3일)은 강남 갔던 제비가 돌아온다는 명절로, 삼춘의 가장 큰 명절이다.

삼짇날의 절식으로는 청주, 삼색견과, 육포, 어포, 절편, 녹말편, 조기면, 진달래화전(두견화전), 진달래화채, 화면(오미자화채에 진달래꽃을 띄운 것), 수면(청면) 등이 있다.

(6) 한식(청명절)

한식날은 동지부터 105일째 되는 날로, 일년에 네 번 성묘를 하는 정초, 한식, 단오, 추석 중의 한 명절이며, 제물로는 술, 과실, 포, 식혜, 떡, 국수, 탕, 적 등이 있다.

(7) 사월초파일(등석절식, 燈夕節食)

석가모니의 탄생을 경축하며, 손님을 초대하여 소찬(素饌)을 차려 대접하였다. 사월초파일의 절식으로는 비빔국수, 전유어, 유엽병(느티떡), 볶은 검정콩, 미나리나물(장수기원) 등을 해서 먹는다.

(8) 단오절(수릿날)

단오날(5월 5일)에는 부녀자들은 창포뿌리를 머리에 꽂거나 창포 달인 물에 머리를 감고, 남자들은 씨름을 즐겼다고 한다. 단오절의 절식으로는 수리취떡(차륜병), 애엽고, 제호탕(여러 가지 약재를 달여 꿀을 넣은 것) 등이 있다.

(9) 유두절

유두는 유월보름으로, 동으로 흐르는 냇물에 머리를 감고 재앙을 푼 다음 경치 좋은 곳에서 음식을 즐기며 물놀이를 하였다고 한다. 유두절의 절식은 편수, 유두면, 봉선화화전, 맨드라미화전, 감국화전, 밀쌈, 구절판, 깨국탕, 어채, 복분자(산딸기)화채, 떡수단, 보리수단, 참외, 상화병, 증편 등이 있다.

(10) 삼복

삼복이란 초복 · 중복 · 말복을 말하는데, 복날은 절식을 장만하여 물 맑은 계곡에서 물놀이를 하는 풍습이 있다. 삼복의 절식으로는 복죽(팥죽 : 열병예방을 기원), 육개장, 삼계탕, 깨국탕, 규아상, 편수, 깨찰떡, 주악, 김치국 냉면, 영계찜, 어채, 떡수난, 산딸기화채, 생실과, 장김치, 열무김치, 수박 등이 있다.

(11) 칠석

칠석(7월 7일)은 견우직녀별이 만나는 날로 부녀자들은 길쌈과 바느질을 잘하게 해 달라고 직녀에게 빌고, 집집마다 옷과 책을 햇볕에 쪼여 거풍하는 관습이 있다.

칠석의 절식으로는 밀국수, 육개장, 깨국탕, 잉어회, 잉어구이, 게전, 취나물, 고비나물, 오이소박이, 오이깍두기, 밀전병, 증편, 복숭아화채 등이 있다.

(12) 추석(가배일, 팔월 한가위)

신라시대부터 유래되어 설과 함께 가장 큰 명절로, 햇곡식을 추수하고 햇과일을 따서 성묘하고 가무와 씨름을 즐겼다고 한다. 햇곡식과 햇과일이 풍성한 추수절로, "더도 말도 덜도 말고 한가위만 같아라"라는 말이 생길 정도로 설과 더불어 가장 큰 명절이다.

예부터 내려오는 추석 절식에는 오려송편(햅쌀송편), 토란탕, 토란단자, 송이구이, 밤단자, 화양적, 지짐누름적, 닭찜, 배화채, 배숙, 햇과일(밤, 대추, 사과, 배, 감) 등이 있다.

(13) 중양절(중구)

중구(9월 9일)는 삼짇날에 온 제비가 다시 강남으로 떠나는 날로, 농가에서는 추수가 한창이고 추석에 하지 못한 성묘를 하는 풍습이 있다. 중구 절식에는 국화전, 감국전, 국화화채, 유자화채, 국화주, 전골, 신선로, 갈비요리, 너비아니구이, 두부찌개, 메밀만두, 밀만두, 호박고지 시루떡, 밤고물 단자, 생실과 등이 있다.

(14) 시월 무오일

일년 중 가장 좋은 달인 음력 10월은 상달(上月)이라 하여 가을의 추수감사제례가 집중되어 있었다고 한다. 햇곡식으로 술을 빚고 붉은 팥시루떡을 바치고 빌었다. 오늘날까지도 붉은 팥시루떡(고사떡)을 만들어 먹고 있으며, 주로 추수 후에 감사함과 가내 평온함을 하늘에 기원하는 제사 때에 쓰인다.

절식으로는 만두국, 무시루떡, 쑥단자, 강정 등이 있고 김장을 담근다.

(15) 동지

아세(亞歲) 또는 작은 설이라고도 부르는데 새해의 원단(元旦)으로 여겨왔다. 동짓날에는 팥죽을 쑤어 새알심을 나이 수대로 넣어 먹고 액막이를 한다. 또한 팥죽은 귀신을 쫓는다고 해서 장독대와 대문 안에 뿌리기도 한다. 이 외에도 녹두죽, 동치미, 경단, 수정과, 식혜 등의 절식이 있다.

팥죽은 햇팥을 푹 고아 거르고 찹쌀가루로 새알 모양의 단자를 만들어서 함께 끓이는데, 1년 중 밤이 가장 긴 동짓날에 집집마다 쑤어서 이웃과 나누어 먹는 시절식으로, 팥은 진한 붉은색으로 광택이 나며 알이 통통하고 껍질이 얇은 것으로 골라야 한다.

동지팥죽에 들어가는 재료에는 다음과 같은 뜻이 있다.

- **팥** : 붉은 태양을 상징하고, 불을 의미한다.
- **쌀** : 지상에서 나는 곡식 중의 으뜸이며, 하늘의 모든 빛을 합한 흰색으로 하늘을 대표하고, 태양의 빛을 받아 지수화풍의 작용에 의해서 자라서 껍질은 노란색이며 씨알은 흰색을 띠는, 신이 주신 작품이라고 한다.
- **알심** : 흰색으로 하늘을 상징하며 둥글게 빚어 원을 만든 것은 수많은 행성, 혹성, 위성을 의미한다.

동지는 애(기)동지, 중(中)동지, 노(老)동지로 구분하는데, 애동지는 음력으로 11월 초순(10일 이전)이며, 이 날은 동지팥죽을 먹지 않고 팥시루떡을 먹는다고 한다. 중(中)동지는 음력으로 11월 중순, 노(老)동지는 음력으로 11월 하순이다. 동지의 전통은 사찰에서도 볼 수 있는데, 애기동지 때는 일반가정에서는 팥죽을 끓이지 않고 절에 가서 팥죽을 먹고 돌아오는 풍습이 전해져 내려온다.

(16) 납향

납일은 동지를 지내고 세 번째 미일(未日)로, 납향은 천지만물의 덕에 감사하기 위하여 사냥(납:臘)해온 산돼지나 멧돼지를 제물로 드린다는 뜻에서 나온 것이다.

사냥한 멧돼지, 노루, 토끼 등의 고기류와 참새고기 등으로 적(炙)을 만들어 대제를 드리고 먹었는데, 지금은 사라진 옛 절식풍속이다.

섣달 그믐날의 절식으로는 비빔밥, 골무병, 떡국, 만두, 갖은 전골, 보쌈김치, 장김치, 골무병, 주악, 잡과, 수정과, 식혜 등이 있다.

6. 재료의 썰기 및 계량

(1) 여러 가지 썰기

① **골패 썰기** : 무, 당근 등 둥근 재료를 필요한 길이로 잘라 납작하게 썬다. 폭은 1.5~2cm, 두께는 0.3cm가 좋다. 신선로나 겨자채를 만들 때 이용된다.

② 막대 썰기 : 0.4×0.4cm 이상의 굵기로 채 써는 것을 막대 썰기라 한다. 재료를 필요한 길이로 토막낸 후 알맞은 굵기의 막대모양으로 채 썬다. 청포묵을 채 썰 때나 무, 오이장아찌에 주로 사용된다.

③ 어슷 썰기 : 오이, 고추, 대파 등을 비스듬히 어슷하게 둥글게 썬다.

④ 채 썰기 : 무 · 당근 등 재료를 필요한 길이로 자른 후 폭과 두께를 0.1×0.1cm, 0.2×0.2cm, 0.3×0.3cm 등의 크기로 썬다. 폭과 두께가 0.1×0.1cm는 가는 채(실고추 썰기), 0.2×0.2cm는 중간 채, 0.3×0.3cm의 크기를 굵은 채라 한다.

⑤ 나박 썰기 : 나박김치나 맑은 무국을 끓일 때 사용하며, 무 · 배추 등의 길이와 폭을 3cm, 두께는 0.2cm 정도로 얇게 썬다.

⑥ 깍뚝 썰기 : 길이와 폭과 두께를 똑같이 2cm의 정육면체로 썬다.

⑦ 마름모 썰기 : 황백지단 등을 마름모꼴(완자모양)로 썬다.

⑧ 둥글 썰기 : 오이처럼 둥글게 생긴 채소를 일정한 두께로 둥글게 썬다.

⑨ 반달 썰기 : 호박, 감자, 고구마, 표고 등의 둥근 재료를 반달 모양으로 썬다.

⑩ 은행잎 썰기 : 호박, 감자, 고구마, 표고버섯 등의 둥근 재료를 4등분한다.

⑪ 벗겨 썰기 : 오이나 호박 등의 씨 있는 부분을 쓰지 않기 위하여 재료를 필요한 길이로 자른 후 둥글게 돌려가며 벗긴 다음 채 썬다.

⑫ 꼬아 썰기 : 1~2cm의 넓이로 직사각형으로 썰어서 '川' 자의 칼집을 내어 한쪽 끝을 가운데로 넣어 예쁜 모양으로 꼰다.

⑬ 실고추 썰기 : 붉은 고추의 속을 떠낸 후 말려 가늘게 채 썬다.

⑭ 다져 썰기 : 파, 마늘, 생강을 채 썬 뒤 90°로 돌려 다져 썬다.

(2) 식품의 계량

식품계량의 목적은 식품의 재료와 조미료를 적정량 사용하여 낭비를 막고, 온도 및 조리시간을 알맞게 하여 재현성을 살리는 데 있다. 계량기구 사용을 습관화하면 레시피의 정확성을 높일 수 있고, 숙련되면 눈대중량의 정확도도 향상된다.

① 계량기구

- 자동저울 : 중량을 잰다(0점을 잘 조절할 것).
- 계량컵 : 주로 식재료의 부피를 재며 1컵(물 200cc), ¾컵(물 150cc), ½컵(물 100cc), ¼컵(물 50cc)이 사용된다.
- 계량스푼 : 주로 미량 사용하는 조미료 부피를 잰다.

  1Cup(1C) = 200cc(200mL) = 13 T.S.　　1 Table spoon (1T.S.) = 3t.s. = 15cc

  1 tea spoon(1t.s.) = 5cc　　⅓ Table spoon = 1 tea spoon
- 온도계, 조리용 시계, 염도계, 당도계, 비중계 등이 있다.

② 계량법

- 가루는 덩어리가 있으면 깨고 체 쳐서 흔들거나 누르지 말고 수북이 담아 편편히 깎아 잰다.(밀가루, 가루설탕)
- 알맹이는 흔들어 담아 편편히 깎아 잰다.(쌀, 깨소금, 백설탕)
- 흑설탕처럼 서로 붙으려는 성질을 갖는 끈적끈적한 식품은 거꾸로 부으면 형이 생길 정도로 꼭꼭 눌러 담아 편편히 깎아 잰다. 예를 들면 흑설탕, 버터, 마가린, 된장, 고추장 등이며, 마가린은 녹여서 재기도 한다.
- 액체는 표면장력이 있으므로 가득 부어서 잰다.

표 1-4 식품의 중량표

(단위 g)

식품명	1작은술 5cc	1큰술 15cc	1컵 200cc	식품명	1작은술 5cc	1큰술 15cc	1컵 200cc
물	5.0	15.0	200	고춧가루	2.0	6.0	80
식초	5.0	15.0	200	계핏가루	2.0	6.0	80
술	5.0	15.0	200	겨잣가루	2.0	6.0	80
간장	5.7	17.0	230	후춧가루	3.0	9.0	120
꿀, 물엿, 조청	6.0	18.0	292	고추장	5.7	17.2	260
식물성기름	3.5	11.0	180	된장	6.0	18.0	280
참기름	3.5	12.8	190	새우젓	6.0	18.0	240
소금(호렴)	2.7	8.0	130	멸치육젓	6.0	18.0	240
소금(재염)	2.7	8.0	130	다진마늘	3.0	9.0	120
설탕	4.2	12.5	150	다진대파	3.0	9.0	120
통깨	3.0	7.0	90	다진생강	3.0	9.0	120
깨소금	3.0	8.0	120	생강즙	3.3	10	210
밀가루	3.0	8.0	105	배즙	5	15	200
녹말가루	3.0	7.2	110	깐 마늘			110
쌀가루	2.5	7.5	100	잣		10	140

식품명	계량	중량	식품명	계량	중량	식품명	계량	중량
곡류								
백미	1컵	160	밀	1컵	160	옥수수	1컵	155
백미밥	1컵	120	대두	1컵	160	차조	1컵	160
현미	1컵	160	녹두	1컵	170	메조	1컵	165

찹쌀	1컵	160	팥	1컵	165	기장쌀	1컵	160
보리쌀	1컵	180	강낭콩	1컵	160	수수	1컵	180
압맥	1컵	110	들깨	1컵	110	흑임자	1컵	110
참깨	1컵	120						
각종 가루								
밀가루 (강력분)	1컵	105	콩가루 (생것)	1컵	98	잣가루	1컵	90
밀가루 (중력분)	1컵	105	콩가루 (볶은 것)	1컵	85	송화가루	1컵	70
밀가루 (박력분)	1컵	100	팥가루	1컵	125	도토리녹말	1컵	130
차수수가루	1컵	90	메줏가루	1컵	80	거피팥고물	1컵	114
쌀가루	1컵	100	엿기름가루	1컵	115	볶은거피 팥고물	1컵	108
견과류								
구기자	1컵	70	행인 (껍질까서)	1컵	120	결명자	1컵	140
오미자	1컵	40	밤 (껍질까서)	1컵	160	호두 (껍질까서)	1컵	80
모과 (말린 것)	1컵	60	곶감	1컵	45	은행 (껍질까서)	1컵	160
잣	1컵	140	대추	1컵	70	건포도	1컵	120
채소								
배추	1개	1300	오이	1개	150	마늘	1통	30
무	1개	700	호박	1개	300	생강	1쪽	20
감자	1개	140	양파	1개	160	굵은파	1뿌리	40
고구마	1개	250	풋고추	1개	10	실파	1뿌리	20
연근	1개	170	가지	1개	100	붉은고추	1개	20
토란	1개	45	쑥갓	1단	230	부추	1단	160
우엉	1개	400	시금치	1단	250	미나리	1단	180
당근	1개	100	상추	1뿌리	200	달래	1단	80
양배추	1개	800	두릅	10개	120	도라지	5뿌리	100
양상추	1개	400	더덕	5개	120	고사리	1컵	200
토마토	1개	150	표고버섯 (생것)	5개	85	고비	1컵	300
죽순 (삶아서)	1개	200	느타리버섯 (생것)	5개	85	늙은호박	1개	3000
숙주나물	1봉	300	양송이	1봉	200	콩나물	1봉	300

육류, 어패류								
소고기 (다진 것)	1컵	200	돼지고기 (다진 것)	1컵	200	닭고기 (다진 것)	1컵	200
마른 멸치	1컵	50	굴	1컵	200	뱅어포	1컵	20
기타								
달걀	1개	55	김	1장	5	다시마(20cm)	1장	20
두부	1모	300	메추리알	1개	13	미역 불린 것	1컵	150
우유	1컵	200	유자	1개	110			

7. 조리기초와 조리기구 다루는 법

조리는 한 가지 조작으로 이루어지는 것이 아니라 기본적인 조작인 재료의 계량, 씻기, 담그기, 절이기, 썰기, 으깨기, 다지기, 섞기, 식히기, 수분 제거하기, 냉동이나 해동 등과 주된 조리 조작인 가열하기, 부치기, 굳히기, 조미하기, 그릇에 담기, 배선 등으로 이루어지는 복합적인 작업이다.

기본 조리도구에는 칼, 도마, 체, 밀대, 계량컵, 계량스푼, 석쇠, 팬, 가위, 김발, 강판, 수저, 나무저, 국자, 주걱 등이 있다.

(1) 도마

도마는 생선과 육류용, 채소용, 과일용 등의 3개가 필요하며, 가열해서 먹는 재료와 날것으로 먹는 재료에 따라 사용면을 구별하여 쓰는 것이 이상적이다. 도마의 종류에는 나무도마와 플라스틱 도마가 있는데 나무도마는 적당한 굳기와 탄력성이 있어 칼날이 부드럽게 닿는 것이 좋으며, 사용한 후에는 깨끗이 씻어서 건조시켜 사용하도록 한다. 플라스틱 도마는 나무도마에 비해 칼날이 미끄러지기 쉽지만, 도마의 상처가 깊게 생기지 않고 냄새가 배지 않아 위생적이다.

(2) 칼

한식조리 작업에는 약 30~35cm 길이의 순강철로 된 일반조리용 칼을 많이 쓴다. 가정용 일반칼은 길이가 25cm 정도로 스테인리스로 만들어 사용하기도 쉽고 보관하기도 편리하다.

칼의 사용방법은 써는 식품의 종류 및 용도에 따라서 칼의 사용 부위와 조작의 방향이 정해진다.

칼은 칼날의 끝과 중앙, 칼등의 세 부분으로 나누어 용도에 따라 사용한다.

한식조리에 주로 쓰이는 칼은 일반칼 외에 갈비칼, 갈비뼈칼, 장어칼 등이 있는데, 갈비칼은 일반칼보다는 작고 갈비뼈칼보다는 큰 중간칼이며 밑면을 직선화하여 날을 세운 후, 칼집을 넣으면 된다. 장어칼은 칼날의 길이가 짧고 모양이 창끝과 비슷하여 장어뼈를 제거하거나 손질하기 쉽다.

(3) 칼의 용도별 사용방법

① **당겨 썰기** : 앞쪽에서 시작하여 뒤로 당기는 방법으로, 칼의 앞쪽을 아래로 기울이고 재료의 굵기에 따라 뒤쪽을 들어서 그대로 뒤로 당겨 썬다.

② **밀어 썰기** : 당겨 썰기와 반대의 방법으로 가장 널리 쓰이는 방법이다. 칼이 도마에서 위로 향하게 하고 내려 썰 때는 15° 정도 앞쪽으로 기울여서 앞부분이 먼저 도마에 닿고, 앞으로 밀면서 칼의 뒷부분이 도마에 닿게 한다. 다시 뒷부분을 들고 안쪽으로 당기며 밀어 썬다.

③ **작두 썰기** : 밀어 썰기와 비슷하며, 칼의 앞부분을 도마에 고정시키고 뒷부분을 이용하여 빠르게 썬다.

④ **비껴 썰기** : 저며 썬다.

⑤ **다지기** : 한손이나 양손을 이용하여 다져준다.

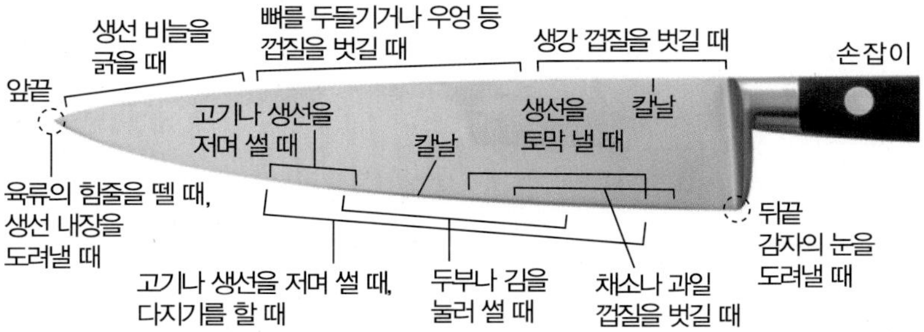

그림 1-3 칼의 부위별 명칭과 용도

그림 1-4 조리기구

NCS 한식조리 학습모듈

1. 한식 밥조리
   비빔밥 / 콩나물밥
2. 한식 죽조리
   장국죽
3. 한식 면류조리
   국수장국 / 비빔국수
   칼국수 / 만둣국
4. 한식 찌개조리
   두부젓국찌개 / 생선찌개
5. 한식 전골조리
   소고기전골 / 두부전골
6. 한식조림 · 초조리
   두부조림 / 홍합초
7. 한식 볶음조리
   오징어볶음
8. 한식 전 · 적조리
   풋고추전 / 표고전 / 육원전
   생선전 / 섭산적 / 화양적
   지짐누름적
9. 한식 튀김조리
   채소튀김
10. 한식 생채 · 회조리
    무생채 / 더덕생채
    도라지생채 / 겨자채
    미나리강회 / 육회
11. 한식 숙채조리
    잡채 / 칠절판 / 탕평채
12. 한식 국 · 탕조리
    완자탕
13. 한식 찜 · 선조리
    닭찜 / 돼지갈비찜 / 북어찜
    달걀찜 / 호박선 / 오이선
    어선
14. 한식 구이조리
    너비아니구이 / 제육구이
    생선양념구이 / 북어구이
    더덕구이
15. 한식 김치조리
    보쌈김치 / 오이소박이
16. 한식 장아찌조리
    오이숙장아찌 / 무숙장아찌
17. 한식 음청류 조리
    배숙
18. 한식 한과요리
    매작과

Part Ⅱ 한식조리기능사 실기

수검자 유의사항

1. 만드는 순서에 유의하며, 위생과 숙련된 기능평가를 위하여 조리작업 시 맛을 보지 않는다.
2. 지정된 수험자 지참준비물 이외의 조리기구나 재료를 시험장 내에 지참할 수 없다.
3. 지급재료는 시험 전 확인하여 이상이 있을 경우 시험위원으로부터 조치를 받고 시험 중에는 재료의 교환 및 추가지급은 하지 않는다.
4. 요구사항의 규격은 "정도"의 의미를 포함하며, 지급된 재료의 크기에 따라 가감하여 채점한다.
5. 위생상태 및 안전관리 사항을 준수한다.
6. 다음 사항에 대해서는 채점대상에서 제외하니 특히 유의하기 바란다.
   - ㈎ 기권 – 수험자 본인이 시험 도중 시험에 대한 포기 의사를 표현하는 경우
   - ㈏ 실격 – ① 가스레인지 화구 2개 이상(2개 포함) 사용한 경우
     ② 불을 사용하여 만든 조리작품이 작품 특성에 벗어나는 정도로 타거나 익지 않은 경우
     ③ 시험 중 시설, 장비(칼, 가스레인지 등) 사용 시 감독위원 및 타수시험자의 시험 진행에 위협이 될 것으로 감독위원 전원이 합의하여 판단한 경우
   - ㈐ 미완성 – ① 시험시간 내에 과제 두 가지를 제출하지 못하는 경우
     ② 문제의 요구사항대로 과제의 수량이 만들어지지 않은 경우
   - ㈑ 오작 – ① 구이를 찜으로 조리하는 등과 같이 조리방법을 다르게 한 경우
     ② 해당 과제의 지급재료 이외의 재료를 사용하거나 석쇠 등 요구사항의 조리도구를 사용하지 않은 경우
   - ㈒ 요구사항에 표시된 실격, 미완성, 오작에 해당하는 경우
7. 항목별 배점은 위생상태 및 안전관리 5점, 조리기술 30점, 작품의 평가 15점이다.

장국죽

시험시간 **30분**

요구사항

주어진 재료를 사용하여 다음과 같이 '장국죽'을 만드시오.

1. 불린 쌀을 반 정도로 싸라기를 만들어 죽을 쑤시오.
2. 소고기는 다지고 불린 표고버섯은 3cm 정도의 길이로 채 써시오.

조리상의 유의사항

1. 쌀과 국물이 잘 어우러지도록 쑨다.
2. 간을 맞추는 시기에 유의한다.

Memo

재료 및 분량

쌀(30분 정도 물에 불린 쌀) 100g
소고기(살코기) 20g
건표고버섯(물에 불린 것,
지름 5cm정도) 1개
대파 흰부분(4cm 정도) 1토막
깐마늘(중) 1쪽
깨소금 5g
진간장 10mL
국간장 10mL
참기름 10mL
검은 후춧가루 1g

조리법

❶ 쌀은 씻어 불린 후 건져 방망이로 싸라기 정도로 부순다.
❷ 소고기는 곱게 다지고 표고버섯은 불려 얇게 포를 뜬 다음 3cm 길이로 가늘게 채 썰어 갖은 양념한다.
❸ 냄비에 참기름을 두르고 소고기와 표고버섯을 넣어 볶다가 쌀을 넣고 충분히 볶아지면 쌀 분량의 5~6배의 물을 붓고 중간 불에서 눌지 않도록 나무주걱으로 저어가면서 끓인다.
❹ 쌀이 퍼져서 죽이 어우러지면 간장으로 빛깔을 보며 소금으로 간을 맞춘다.

주요 재료

재료 손질

Check Point

① 쌀을 참기름으로 볶을 경우 물을 조금씩 넣으면서 투명하게 익혀야 쌀 냄새가 나지 않고 시간도 절약된다.
② 죽을 끓일 때에는 쌀을 충분히 불려야 잘 퍼지며, 쌀 부피의 6배 정도의 물을 넣고 끓인다.
③ 끓은 후는 되도록 젓지 말고 보글보글 끓이고, 간도 나중에 하는 것이 삭지 않아서 좋다.
④ 죽은 너무 미리 끓여 놓으면 수분이 증발하여 되직하게 되므로 그릇에 담기 직전 농도를 잘 맞추어 알맞은 양으로 담는다.
⑤ 쌀과 국물이 잘 어우러지는 농도여야 한다.
⑥ 간장으로 빛깔과 간을 잘 맞추어 색깔은 너무 검지 않게 한다.

비빔밥

시험시간 50분

요구사항

주어진 재료를 사용하여 다음과 같이 '비빔밥'을 만드시오.

1. 채소, 소고기, 황백지단의 크기는 0.3cm×0.3cm×5cm로 써시오.
2. 호박은 돌려깎기하여 0.3cm×0.3cm×5cm로 써시오.
3. 청포묵의 크기는 0.5cm×0.5cm×5cm로 써시오.
4. 소고기는 고추장 볶음과 고명에 사용하시오.
5. 밥을 담은 위에 준비된 재료의 색을 맞추어 돌려 담으시오.
6. 볶은 고추장은 완성된 밥 위에 얹어 내시오.

조리상의 유의사항

- 밥은 질지 않게 한다.

재료 및 분량

재료	분량
쌀(30분 정도 물에 불린 쌀)	150g
청포묵(중, 길이 6cm)	40g
애호박(중, 길이 6cm)	60g
도라지(찢은 것)	20g
소고기(살코기)	30g
불린 고사리	30g
건다시마(5×5cm)	1장
달걀	1개
식용유	30mL
고추장	40g
대파 흰부분(4cm 정도)	1토막
깐마늘	2쪽
진간장	15mL
백설탕	15g
깨소금	5g
검은 후춧가루	1g
참기름	5mL
소금(정제염)	10g

조리법

❶ 쌀을 씻어 1.2배의 물을 부어 밥을 고슬고슬하게 짓는다.

❷ 청포묵은 0.5cm × 0.5cm × 5cm 크기로 채 썰어 데치고, 애호박은 돌려깎기하여 0.3cm × 0.3cm × 5cm로 채 썬다.

❸ 도라지와 소고기도 0.3cm × 0.3cm × 5cm 크기로 채 썰고, 고사리는 딱딱한 부분은 끊어내고 5cm 길이로 자른다. 약고추장에 사용할 소고기는 다져서 기본양념을 한다.

❹ 청포묵은 소금과 참기름에 무치고, 애호박은 소금에 절여 물기를 짜고, 도라지는 소금에 주물러 씻어 물기를 닦는다. 고사리와 소고기는 갖은 양념으로 무친다.

❺ 달걀은 황백지단을 부쳐 0.3cm × 0.3cm × 5cm 크기로 채 썬다.

❻ 다시마는 기름에 튀겨 잘게 부순다(다시마는 마른상태로 잘 보관하여 사용한다).

❼ 팬을 달구어 식용유를 두르고 도라지, 애호박, 소고기, 고사리의 순으로 볶아낸다. 애호박과 도라지를 볶을 때는 다진 파, 다진 마늘, 깨소금, 참기름을 넣어서 볶는다.

❽ 약고추장은 팬에서 다진 소고기를 볶다가 섞어둔 고추장, 설탕, 물을 넣어 부드럽게 볶는다.

❾ 그릇에 밥을 담고 준비된 재료의 색을 맞추어 담고 그 위에 약고추장, 황백지단채 순으로 올린다.

주요 재료

재료 손질

Check Point

① 밥을 지을 때는 쌀을 먼저 씻어 불린 다음에 밥을 지어서 뜸을 충분히 들인다.

② 쌀을 불릴 시간이 부족할 때는 따뜻한 물에 불려서 사용한다.

③ 밥 지을 때 물의 양은 쌀을 불리지 않을 경우 쌀 부피의 1.2배, 불린 쌀일 경우는 같은 양의 부피로 한다. 냄비가 얇은 경우 물을 더 부어야 한다.

④ 그릇에 밥이 잘 보이게 담고 나물의 색을 잘 맞춰 조화롭게 담는다.

⑤ 굳은 청포묵은 살짝 데쳐 사용한다.

콩나물밥

시험시간 30분

요구사항

주어진 재료를 사용하여 다음과 같이 '콩나물밥'을 만드시오.

1. 콩나물은 꼬리를 다듬고 소고기는 채 썰어 간장양념을 하시오.
2. 밥을 지어 전량 제출하시오.

조리상의 유의사항

1. 콩나물 손질 시 폐기량이 많지 않도록 한다.
2. 소고기는 굵기와 크기에 유의한다.
3. 밥물 및 불 조절과 완성된 밥의 상태에 유의한다.

Memo

재료 및 분량

쌀(30분 정도 물에 불린 쌀) 150g
콩나물 60g
소고기(살코기) 30g

고기양념
대파 흰부분(4cm 정도) .. ½토막
깐마늘(중) 1쪽
진간장 5mL
참기름 5mL

조리법

❶ 콩나물은 콩 껍질과 꼬리를 제거하고 깨끗이 씻어서 물기를 뺀다.
❷ 소고기는 결대로 두께 0.2cm로 채 썬 다음 간장양념을 한다.
❸ 쌀은 씻어 물에 불려두었다가 건져서 밥솥에 안치고 콩나물과 양념한 소고기를 위에 얹어 불 조절을 잘 해 가면서 밥을 짓는다.
❹ 밥이 고슬고슬하게 되면 위아래를 가볍게 섞어서 그릇에 담는다.

주요 재료

재료 손질

Check Point

① 콩나물에서 수분이 나오므로 보통 밥을 지을 때보다 물을 적게 붓는다.
② 밥을 지을 때는 먼저 센불에서 끓이다가 불을 줄이고 약불에서 뜸을 들여 밥이 눋지 않도록 불 조절을 잘 한다.
③ 밥을 짓는 도중에 뚜껑을 자주 열면 콩나물 비린내가 나므로 뜸을 충분히 들인다.

국수장국

요구사항

주어진 재료를 사용하여 다음과 같이 '국수장국'을 만드시오.

1. 호박은 돌려깎기하여 0.3cm×0.3cm×5cm, 황 · 백지단은 0.2cm×0.2cm×5cm, 석이버섯은 채 썰어 고명으로 사용하시오.
2. 소고기는 육수를 내고, 삶은 고기는 0.2cm×0.2cm×5cm로 썰어 고명으로 사용하시오.
3. 국수에 1.5배 분량의 장국을 붓고 오색고명을 올려내시오.

조리상의 유의사항

1. 각 고명은 길이와 굵기를 일정하게 하고 색깔이 선명하게 나도록 준비한다.
2. 국수가 불지 않도록 작업순서에 유의한다.

Memo

재료 및 분량

재료	분량
마른국수(소면)	80g
소고기(살코기)	50g
애호박(중, 길이 6cm)	60g
석이버섯(5g, 잎이 넓은 것)	1장
실고추(길이 10cm, 1~2줄기)	1g
달걀	1개
소금(정제염)	5g
깐마늘(중)	1쪽
대파(흰부분 4cm 정도)	1토막
진간장	10mL
식용유, 참기름	각 5mL

조리법

1. 소고기는 핏물을 빼고 덩어리째 물 4컵과 함께 넣고 대파, 마늘 편을 같이 넣어 무르게 삶는다.
2. 고기는 건져서 0.2cm × 0.2cm × 5cm로 채 썰어 간장, 마늘, 파로 양념하여 고명으로 사용한다.
3. 육수는 기름을 걷고 진간장과 소금으로 간과 색을 맞춘다.
4. 달걀은 황백지단을 부쳐 0.2cm × 0.2cm × 5cm 크기로 채 썰고, 호박도 0.2cm × 0.2cm × 5cm 크기로 채 썰어 소금에 살짝 절여 짠다.
5. 석이버섯은 손질한 후 곱게 채 썰어 소금과 참기름을 넣고 양념하여 살짝 볶아 놓는다. 실고추는 2cm 길이로 잘라둔다.
6. 팬에 식용유를 두르고 석이버섯을 살짝 볶고 애호박은 파랗게 볶아낸다.
7. 물이 끓으면 국수를 부채처럼 펴 넣어 끓어오르면 덧물을 ½컵씩 두 번 나누어 부어 삶아내고 찬물에 헹궈 건져 사리를 지어 물기를 빼둔다.
8. 국수를 대접에 담고 뜨거운 장국을 부은 후 오색고명을 얹어낸다. 고명은 편육, 애호박을 올리고 그 위에 황백지단, 석이버섯, 실고추를 차례로 올린다.

주요 재료

재료 손질

Check Point

① 국수는 물 위로 떠올라 투명해지면 한 가닥을 건져 손가락으로 으깨보아 심이 남지 않으면 익은 것이다.

② 국수는 붇지 않게 삶는 것이 중요하므로 국수가 익으면 재빨리 건져 찬물에 헹궈야 한다.

③ 장국의 색깔을 잘 조절한다.

비빔국수

요구사항

주어진 재료를 사용하여 다음과 같이 '비빔국수'를 만드시오.

1. 소고기, 표고버섯, 오이는 0.3cm×0.3cm×5cm로 썰어 양념하여 볶으시오.
2. 황백지단은 0.2cm×0.2cm×5cm로 썰어 고명으로 사용하시오.
3. 삶은 국수는 유장 처리하여 사용하시오.
4. 실고추와 석이버섯은 채 썰어 고명으로 사용하시오.

조리상의 유의사항

1. 국수는 붇지 않도록 삶는다.
2. 국수를 비빌 때 간장으로 간을 맞춘다.
3. 고명의 색을 맞추어 조화롭게 얹는다.

Memo

재료 및 분량

마른국수(소면)	70g
소고기(살코기)	30g
건표고버섯(지름 5cm 정도)	1개
오이(20cm 길이)	¼개
달걀	1개
석이버섯(마른것, 5g)	1장
실고추(길이 10cm, 1~2줄기)	1g
진간장	15g
대파 흰부분(4cm 정도)	1토막
깐마늘(중)	2쪽
깨소금	5g
소금(정제염)	10g
식용유	20mL
백설탕	5g
참기름	10mL
검은 후춧가루	1g

조리법

❶ 소고기는 0.3cm × 0.3cm × 5cm 크기로 채 썰고 표고버섯도 포를 떠 0.3cm 두께로 채 썬다.

❷ 오이는 5cm로 토막내어 돌려깎아 0.3cm 두께로 채 썰고 석이버섯도 손질하여 가늘게 채 썰고 실고추는 2cm 길이로 썬다.

❸ 오이는 소금으로 절여 물기를 짜고 표고버섯과 소고기를 각각 양념한다.

❹ 달걀은 황백지단을 부쳐 0.2cm × 0.2cm × 5cm 크기로 채 썬다.

❺ 팬에 식용유를 두르고 오이, 석이버섯, 표고버섯, 소고기 순으로 볶는다.

❻ 국수는 삶아 냉수에 헹구어 건져 물기를 빼고 간장, 참기름으로 버무린다.

❼ 양념한 국수에 오이, 표고버섯, 소고기를 넣고 버무려 대접에 담고 황백지단, 석이버섯, 실고추를 고명으로 얹는다.

주요 재료

재료 손질

Check Point

① 국수는 붇지 않게 국수장국과 같은 방법으로 삶는다.

② 삶은 국수는 간장, 참기름으로 먼저 버무린 다음 준비한 부재료를 섞어 살살 버무린다.

칼국수

시험시간 30分

요구사항

주어진 재료를 사용하여 다음과 같이 '칼국수'를 만드시오.

1. 국수의 굵기는 두께가 0.2cm, 폭은 0.3cm가 되도록 하시오.
2. 애호박은 돌려깎아 채 썰고 표고버섯은 채 썰어 볶아 실고추와 함께 고명으로 사용하시오.
3. 국수와 국물의 비율은 1 : 2 정도가 되도록 하시오.

조리상의 유의사항

1. 주어진 밀가루를 밀가루 반죽과 덧가루용으로 적절히 사용하고 밀가루 반죽 정도에 유의한다.
2. 국수의 굵기와 두께가 일정하도록 한다.
3. 멸치 다시를 내어 맑게 처리하고 고명의 색에 유의한다.

Memo

재료 및 분량

밀가루(중력분)	100g
소금(정제염)	5g
장국용 멸치(大)	20g
애호박(중, 길이 6cm)	60g
건표고버섯(지름 5cm)	1개
실고추(길이 10cm, 1~2줄기)	1g
깐마늘(중)	1쪽
대파 흰부분(4cm 정도)	1토막
진간장	5mL
식용유	10mL
백설탕	5g
참기름	5mL

조리법

1. 밀가루를 체에 내린 후 소금물로 반죽하고 많이 치대어 마르지 않게 젖은 면보에 싸둔다.
2. 반죽을 0.2cm 두께로 얇게 밀고 0.3cm 폭으로 썰어 서로 달라붙지 않도록 덧가루를 털어내며 펼쳐둔다.
3. 마른멸치는 머리와 내장을 제거하고 찬물에 넣어 끓이면서 떠오르는 거품은 걷어내고 육수가 우러나면 간장으로 색을 내고 소금으로 간을 맞춘다. 이때 파, 마늘을 사용해도 된다.
4. 애호박은 0.2cm × 0.2cm× 5cm 크기로 돌려깎아 채 썬 후 소금에 살짝 절여 기름 두른 팬에 파랗게 볶아낸다.
5. 표고버섯은 물에 불려 기둥을 떼고 포를 떠서 채 썬 후 간장, 설탕, 참기름으로 양념하여 볶는다.
6. 육수가 끓으면 썰어둔 국수를 넣고 붙지 않도록 저어가며 끓인다.
7. 대접에 끓인 칼국수와 국물을 담고 애호박, 표고버섯을 올리고 실고추를 고명으로 얹어낸다.

주요 재료

재료 손질

Check Point

① 반죽은 많이 치댈수록 면발이 윤기가 나고 쫄깃해진다.

② 반죽을 밀 때 덧가루를 많이 쓰면 서로 달라붙지 않아서 좋으나 국물이 걸쭉해지고 탁해질 염려가 있다.

③ 반죽은 밀어 접은 후 일정하게 썰어서 서로 붙지 않도록 주의하여 처리한다.

④ 국수를 장국에 넣을 때 훌훌 털어서 여분의 밀가루를 없애는 것이 좋다.

⑤ 칼국수와 국물의 비율은 1 : 2가 적당하다.

만둣국

시험시간 45분

요구사항

주어진 재료를 사용하여 다음과 같이 '만둣국'을 만드시오.

1. 지급된 소고기는 육수와 만두속 재료로 사용하시오.
2. 만두피는 지름 8cm의 둥근 모양으로 하여 5개 만드시오.
3. 황백지단과 미나리 초대 각 2개씩을 고명으로 사용하시오.[완자(마름모꼴) 모양]

조리상의 유의사항

1. 만두피는 일정한 크기로 얇게 밀도록 한다.
2. 끓일 때 만두가 터지지 않도록 유의하고, 만두 속은 잘 익혀야 한다.

Memo

재료 및 분량

재료	분량
밀가루(중력분)	60g
소고기(살코기)	60g
두부	50g
숙주(생것)	30g
배추김치	40g
미나리(줄기부분)	20g
달걀	1개
대파 흰부분(4cm 정도)	1토막
깐마늘(중)	2쪽
국간장	5mL
소금(정제염)	5g
산적꼬치	1개
깨소금	5g
검은후춧가루	2g
식용유	5mL
참기름	10mL

조리법

1. 소고기를 반으로 나누어 살코기 부분은 남겨두고 힘줄 부분을 덩어리째 찬물에 끓여 육수를 만들어 국간장과 소금으로 색과 간을 맞춘다.
2. 밀가루는 소금을 약간씩 넣고 체친 후 냉수로 반죽하여 젖은 면보에 싸둔다.
3. 소고기는 곱게 다지고 두부는 물기를 짜 으깨어 합쳐서 양념으로 간한다.
4. 숙주는 소금물에 데쳐서 물기를 짠 다음 잘게 다지고 김치는 다져서 물기를 짜둔다. 김치 대신 배추가 나오면 절여서 사용한다.
5. 숙주, 김치, 소고기, 두부를 합쳐 고루 섞어 만두소를 만든다.
6. 밀가루 반죽은 밤톨 크기로 떼서 지름 8cm가 되게 둥글게 밀어 만두피를 만들고 만두소는 2작은술씩 넣고 싸서 두 귀를 둥글게 맞추어 5개의 만두를 빚는다.
7. 황백지단과 미나리 초대를 부쳐 2cm × 2cm 크기의 마름모꼴로 썬다.
8. 육수가 끓을 때 만두를 넣어 떠올라 익으면 대접에 담아 황백지단과 미나리 초대를 각 2개씩 고명으로 얹는다.

주요 재료

재료 손질

Check Point

① 밀가루 ½컵에 물 2큰술을 넣어 반죽하면 알맞다. 밀가루 1큰술은 반죽하면 만두피 2개가 만들어진다. 반죽할 때 많이 치댈수록 만두피가 쫄깃하게 된다.

② 만두의 소는 물기를 제거하고 각각의 만두피에 동일한 양의 소를 넣어야 만두의 크기가 일정하다.

③ 육수가 끓으면 만두를 하나씩 넣고 냄비 바닥에 달라붙지 않도록 한 번 저어준다.

④ 만두를 끓일 때 너무 강한 불에서 끓이면 속이 터지거나 국물이 탁해지는 경우가 있다.

⑤ 만두가 떠오르면 다 익은 것이다.

완자탕

시험시간 30분

요구사항

주어진 재료를 사용하여 다음과 같이 '완자탕'을 만드시오.

1. 완자는 직경 3cm 정도로 6개를 만들고 국물의 양은 200mL 정도로 제출하시오.
2. 달걀은 지단과 완자용으로 사용하시오.
3. 고명으로 황백지단(마름모꼴)을 각 2개씩 띄우시오.

조리상의 유의사항

1. 고기 부위의 사용용도에 유의하고 육수 국물을 맑게 처리하며 양에 유의한다.
2. 주어진 달걀을 지단용과 완자용으로 분리하여 사용한다.

Memo

재료 및 분량

재료	분량
소고기(살코기)	50g
소고기(사태 부위)	20g
두부	15g
밀가루(중력분)	10g
달걀	1개
대파 흰부분(4cm 정도)	½토막
깐마늘(중)	2쪽
검은 후춧가루	2g
키친타월(종이, 주방용(소) 18×20cm)	1장
국간장	5mL
참기름	5mL
깨소금	5g
백설탕	5g
소금(정제염)	10g
식용유	20mL

조리법

1. 소고기를 반으로 나누어 힘줄부분으로 육수를 내서, 고운 면보에 걸러둔다. 국간장으로 색을 낸다.
2. 소고기의 살코기 부분은 곱게 다지고, 두부도 물기를 짜내고 곱게 으깨어 합쳐 양념하여 치댄다.
3. 직경 3cm 크기의 완자를 빚어 밀가루, 달걀물의 순으로 입혀 식용유를 두른 팬에서 굴려 속까지 익힌다.
4. 달걀은 황백지단을 부쳐 완자모양으로 썬다.
5. 육수에 국간장과 소금으로 간을 맞추어 끓을 때 완자를 넣고 잠시 끓여서 완자의 모양이 잘 유지되고, 국물이 깨끗하도록 한다.
6. 대접에 담고 황백지단을 각각 2개씩 띄운다.

주요 재료

재료 손질

Check Point

① 육수에 완자를 넣고 익힐 때 불을 줄이고 오래 끓이지 않아야 모양이 흐트러지지 않는다.

② 육수에서 완자를 오래 끓이면 국물이 탁해지고 완자 옷이 벗겨지므로 살짝 끓이도록 한다.

두부젓국찌개

시험시간 20분

요구사항

주어진 재료를 사용하여 다음과 같이 '두부젓국찌개'를 만드시오.

1. 두부는 2cm×3cm×1cm로 써시오.
2. 홍고추는 0.5cm×3cm, 실파는 3cm 길이로 써시오.
3. 간은 소금과 새우젓으로 하고 국물을 맑게 만드시오.
4. 찌개의 국물은 200mL 정도로 제출하시오.

조리상의 유의사항

- 두부와 굴의 익는 정도에 유의한다.

Memo

재료 및 분량

재료	분량
두부	100g
생굴(껍질 벗긴 것)	30g
실파	20g
홍고추(생)	½개
소금(정제염)	5g
새우젓	10g
깐마늘(중)	1쪽
참기름	5mL

조리법

1. 굴은 옅은 소금물에 흔들어 씻어 껍질을 골라낸다.
2. 두부는 폭과 길이가 2cm × 3cm, 두께 1cm 크기로 썰고 홍고추는 길이로 갈라서 씨를 빼고 폭 0.5cm, 길이 3cm의 크기로 썰고 실파는 3cm 길이로 썬다.
3. 새우젓은 곱게 다져서 물을 약간씩 섞어 국물만 짜서 사용한다.
4. 냄비에 물을 1½컵 붓고 소금으로 심심하게 간을 하여 끓으면 두부를 넣고 한소끔 끓인다. 끓으면 굴, 붉은 고추, 마늘, 실파 순으로 넣고 거품을 걷어내어 새우젓국으로 간을 한 뒤 불을 끄고 참기름 한 방울을 떨어뜨린다.
5. 대접에 국물이 자작하도록 담는다.

주요 재료

재료 손질

Check Point

① 국물이 탁하거나 분홍빛이 돌면 안 된다.
② 물에 소금을 넣고 끓으면 두부를 조심스레 넣어 센 불에서 끓이거나 오래 끓이지 않는다.
③ 굴이 익어서 동그랗게 되면 불을 끈다.

생선찌개

요구사항

주어진 재료를 사용하여 다음과 같이 '생선찌개'를 만드시오.

1. 생선은 4~5cm 정도의 토막으로 자르시오.
2. 무, 두부는 2.5cm×3.5cm×0.8cm로 써시오.
3. 호박은 0.5cm 반달형, 고추는 통 어슷썰기, 쑥갓과 파는 4cm로 써시오.
4. 고추장, 고춧가루를 사용하여 만드시오.
5. 각 재료는 익는 순서에 따라 조리하고 생선살이 부서지지 않도록 하시오.
6. 생선머리를 포함하여 전량 제출하시오.

조리상의 유의사항

- 각 재료의 익는 순서를 고려하여 끓인다.

재료 및 분량

생선(동태)	300g(1마리)
무	60g
애호박	30g
두부	60g
풋고추(길이 5cm 이상)	1개
홍고추(생)	1개
실파	40g
쑥갓	10g
깐마늘(중)	2쪽
생강	10g
고추장	30g
고춧가루	10g
소금(정제염)	10g

조리법

1. 생선은 비늘을 잘 긁고 지느러미를 떼고 손질하여 4~5cm 크기의 토막으로 자른 후, 내장도 먹는 부분(알이나 곤이)을 골라 놓는다.
2. 무, 두부는 폭과 길이가 2.5cm × 3.5cm, 두께는 0.8cm 크기로 썬다. 호박은 두께 0.5cm 반달형 모양으로 썬다. 풋고추와 홍고추는 0.5cm 통으로 어슷썰기 하여 씨를 빼고 실파와 쑥갓은 4cm 길이로 썬다.
3. 냄비에 물을 붓고 고추장과 고춧가루를 풀고, 무를 넣고 끓이면서 거품을 걷어준다.
4. 무가 반쯤 익으면 생선, 호박을 넣고 다시 한소끔 끓어오르면 두부, 풋고추, 붉은 고추를 넣고 소금으로 간을 맞춘다.
5. 생선 맛이 우러나면 마늘, 생강, 실파, 쑥갓을 넣고 불을 끄고 잠시 기다렸다가 대접에 담아낸다.

주요 재료

재료 손질

Check Point

① 국물과 건더기의 비율을 3 : 2로 하여 국물을 자박하게 끓이고 담을 때는 건더기가 국물 위로 약간씩 보일 정도가 좋다.

② 무는 반드시 익어야 하지만 다른 채소는 너무 무르지 않게 익히고 푸른 채소는 색상을 잘 살린다.

③ 찌개 국물에 재료를 넣는 순서를 올바르게 하여 알맞게 끓인다.

닭찜

시험시간 35분

요구사항

주어진 재료를 사용하여 다음과 같이 '닭찜'을 만드시오.

1. 닭은 4~5cm 정도로 토막을 내시오.
2. 닭은 끓는 물에서 기름을 제거하고 부서지지 않게 조리하시오.
3. 당근은 3cm 정도 크기로 잘라 모서리를 다듬어 사용하시오.
4. 완성된 닭찜은 5토막 이상 제출시오.
5. 황백지단은 완자(마름모꼴) 모양으로 만들어 고명으로 각 2개씩 얹으시오.

조리상의 유의사항

1. 닭과 부재료인 채소가 알맞게 익도록 하고 당근은 모서리를 다듬는다.
2. 완성된 닭찜의 색깔에 유의한다.

Memo

재료 및 분량

닭(½마리)	300g
당근(길이 7cm 정도, 곧은 것)	50g
건표고버섯(지름 5cm 정도)	1개
양파(중, ⅓개)	50g
은행(겉껍질 깐 것)	3개
달걀	1개
진간장	50mL
백설탕	20g
대파 흰부분(4cm 정도)	1토막
깐마늘(중)	2쪽
생강	10g
깨소금	5g
참기름	10mL
검은후춧가루	2g
소금(정제염)	5g
식용유	30mL

조리법

1. 닭은 내장과 기름을 떼고 4~5cm의 크기로 토막 낸다. 토막 낸 닭은 끓는 물에 데쳐서 기름을 제거하고 건져둔다.
2. 당근은 3cm 정도 크기로 썰어 둥글게 모서리를 다듬고 양파는 1cm의 폭으로 썬다. 표고버섯은 큰 것은 4쪽(은행잎 썰기), 작은 것은 2쪽(반달 썰기)으로 썬다.
3. 진간장에 갖은 양념을 넣어 양념장을 만든다.
4. 달걀은 황백지단을 부쳐 마름모꼴로 썰고 은행은 팬에 기름을 두르고 굴리면서 투명하게 볶아 껍질을 벗긴다.
5. 냄비에 닭고기를 넣고 양념장의 절반을 부은 후 물을 자작하게 부어 끓인다.
6. 닭고기가 반쯤 익고 국물이 반으로 줄어들면 나머지 양념장과 당근, 표고버섯을 넣고 졸이다가 양파와 은행을 넣고 천천히 윤기나게 조린다.

● 국물이 거의 졸아들면 참기름을 넣어 윤기를 내어 그릇에 닭찜을 담고 국물을 끼얹고 황백지단을 고명으로 얹어낸다.

주요 재료

재료 손질

Check Point

① 토막을 반듯하게 내야 찔 때 부스러지지 않고 닭 껍질이 붙어 있어야 윤기가 난다.

② 마지막에 참기름을 넣고 센불에서 바싹 조려야 윤기가 나며 국물은 촉촉할 정도로 한 큰술 정도만 남긴다.

돼지갈비찜

시험시간 **30분**

요구사항

주어진 재료를 사용하여 다음과 같이 '돼지갈비찜'을 만드시오.

1. 갈비는 핏물을 제거하여 사용하시오.
2. 감자와 당근은 3cm 정도 크기로 잘라 모서리를 다듬어 사용하시오.
3. 완성된 갈비찜은 잘 무르고 부서지지 않게 조리하시오.
4. 갈비는 전량을 국물과 함께 담아 제출하시오.

조리상의 유의사항

- 부재료인 채소는 잘 익고 형태가 흐트러지지 않아야 하며 완성품의 색깔에 유의한다.

Memo

재료 및 분량

재료	분량
돼지갈비(5cm 토막)	200g
당근(길이 7cm 정도)	50g
감자(½개)	150g
양파(중, ⅓개)	150g
홍고추(生)	½개
진간장	40mL
백설탕	20g
대파 흰부분(4cm 정도)	1토막
깐마늘(중)	2쪽
생강	10g
깨소금	5g
참기름	5mL
검은 후춧가루	2g

조리법

❶ 돼지갈비는 5cm의 크기로 토막 내어 기름을 뗀 후 찬물에 담가 핏물을 빼고 바둑판 모양의 칼집을 넣는다.

❷ 돼지갈비를 끓는 물에 살짝 데친 다음 찬물에 헹궈서 기름을 제거한다.

❸ 감자와 당근은 3cm 정도 크기로 썰어 둥글게 모서리를 다듬고, 홍고추는 어슷썰어 씨를 빼내고, 양파는 1.5~2cm의 넓이로 썬다.

❹ 진간장에 갖은 양념을 넣어 양념장을 만든다.

❺ 데친 갈비에 양념장의 반을 넣고 물을 잠길 정도로 부은 다음 당근, 감자를 넣고 천천히 익힌다.

❻ 끓으면 불을 줄여 서서히 익히고 고기가 물러지고 국물이 반으로 줄어들면 나머지 양념장과 양파, 붉은 고추를 넣고 조린다.

❼ 국물이 거의 졸아들면 참기름을 넣어 윤기를 내고 그릇에 담아낸다.

주요 재료

재료 손질

Check Point

① 돼지갈비의 살쪽에 칼집을 깊이 넣어 양념이 잘 배도록 한다.

② 갈비가 익은 후에 양념을 해야 양념이 잘 스며들고 고기가 부드럽다. 채소는 잘 익고 부스러지지 않아야 한다.

③ 고기가 타지 않게 하고 익을 때까지는 뚜껑을 덮어 푹 익힌 후, 센불에서 뚜껑을 열어두고 국물을 끼얹으며 조려야 윤기가 난다.

북어찜

시험시간 25분

요구사항

주어진 재료를 사용하여 다음과 같이 '북어찜'을 만드시오.

1. 완성된 북어의 길이는 5cm가 되도록 하시오.
2. 북어찜은 가로로 잘라 3토막 이상 제출하시오. (단, 세로로 잘라 3/6 토막 제출할 경우 수량부족으로 미완성처리)

조리상의 유의사항

1. 북어를 다듬을 때 부서지지 않도록 한다.
2. 북어찜이 딱딱하지 않게 충분히 조리한다.

Memo

재료 및 분량

- 북어포(반을 갈라 껍질이 있는 것, 1마리) 40g
- 실고추(길이 10cm, 1~2줄기) . 1g
- 진간장 30mL
- 백설탕 10g
- 대파 흰부분(4cm 정도) 1토막
- 깐마늘(중) 2쪽
- 생강 5g
- 검은 후춧가루 2g
- 깨소금 5g
- 참기름 5mL

조리법

1. 북어포는 머리를 떼고 물에 적셔 지느러미를 제거하고 뼈를 발라낸 다음 손질하여 가로로 5~6cm 크기로 자른다.
2. 북어는 앞뒤 쪽에 가로·세로로 잔 칼집을 넣고 양 가장자리에도 칼집을 넣어 오그라지지 않도록 한다.
3. 파, 마늘, 생강을 다져 양념장을 만든다.
   실고추는 2cm로 자르고 다지고 남은 파는 2cm 정도 길이로 가늘게 채 썬다.
4. 냄비에 북어와 양념장을 켜켜로 담고 물을 자작하게 부어 끓으면 양념장을 자주 끼얹어가며 조린다.
5. 국물이 조금(2큰술 정도) 남았을 때 참기름을 약간씩 넣고 실고추와 채 썬 파를 고명으로 얹는다. 뚜껑을 덮고 한 김 올려준 다음 국물과 함께 담아낸다.

주요 재료

재료 손질

Check Point

① 북어는 살이 부스러지지 않게 물에 담가 껍질과 속뼈를 발라낸 후 같은 크기로 3토막 이상 자른다.
② 북어의 빛깔에 따라 진간장의 양을 조절해야 북어찜의 색이 곱다.
③ 양념 국물을 끼얹어가며 조리고, 국물이 촉촉할 정도로 조금만 남긴다.

달걀찜

시험시간 25분

요구사항

주어진 재료를 사용하여 다음과 같이 '달걀찜'을 만드시오.

1. 새우젓은 국물만 사용하고 실고추, 실파는 1cm로 채 썰어 고명으로 사용하시오.
2. 석이버섯은 채 썰어 양념하여 볶아 고명으로 사용하시오.
3. 알찜은 중탕하거나 찜통에 찌시오.

조리상의 유의사항

1. 물과 달걀의 비율에 유의한다.
2. 달걀찜은 부드럽고 고명의 색이 선명하도록 한다.

Memo

재료 및 분량

달걀	1개
새우젓	10g
실고추	1g
실파(1뿌리)	20g
마른 석이버섯(잎이 넓은 것)	5g
소금(정제염)	5g
참기름	5mL

조리법

❶ 달걀은 알끈을 제거한 후 달걀 분량 2배의 물을 넣어서 충분히 풀고 체에 걸러 거품을 없앤다.

❷ 달걀물에 소금과 새우젓 국물을 넣어 간을 맞춘다. 새우젓은 다져서 국물만 짜서 쓴다.

❸ 석이버섯을 손질하여 곱게 채 썰고 참기름과 소금으로 간을 하여 볶는다.

❹ 실파는 푸른 잎 부분을 1cm 길이로 채 썰고 실고추도 1cm 길이로 썰어 놓는다.

❺ 냄비에 물을 붓고 달걀찜 그릇을 넣어 중불에서 뚜껑을 덮어 15분 정도 찐다.

❻ 달걀물이 충분히 익으면 실고추, 석이버섯, 실파를 색을 맞추어 올리고 다시 살짝 김을 올려서 낸다.

주요 재료

재료 손질

Check Point

① 달걀을 잘 풀어 소금과 새우젓을 넣고 해당 분량의 물과 섞어 체에 내린 후 거품을 걷어낸다.

② 불을 너무 강하게 하면 결이 곱지 않으므로 중불로 찐다.

③ 첨가하는 물의 양이 적당하고 불 조절이 잘 되어야 구멍없이 부드럽게 된다.

어선

시험시간 50분

요구사항

주어진 재료를 사용하여 다음과 같이 '어선'을 만드시오.

1. 생선살은 어슷하게 포를 떠서 사용하시오.
2. 돌려깎은 오이, 당근, 표고버섯은 채 썰어 볶아 사용하고 달걀은 황 · 백지단채로 사용하시오.
3. 어선은 속재료가 중앙에 위치하도록 하여 지름 3cm, 두께 2cm로 6개를 제출하시오.

조리상의 유의사항

1. 속재료가 중앙에 위치하도록 하고 생선살이 터지지 않게 만다.
2. 속재료(소)용 채소는 볶아서 사용한다.
3. 녹말가루를 적절하게 사용하고 생선과 녹말가루는 잘 익혀야 하고 속재료(소)들의 색깔은 선명하도록 찌는 데 유의한다.
4. 완성된 모양이 잘 유지되도록 자르는 데 유의한다.

Memo

재료 및 분량

재료	분량
동태(1마리, 동태포는 안 됨)	500~800g
건표고버섯(물에 불린 것)	2개
당근(길이 7cm 정도)	50g
오이(20cm 정도)	⅓개
달걀	1개
백설탕	15g
생강	10g
소금(정제염)	10g
흰 후춧가루	2g
진간장	20mL
참기름	5mL
식용유	30mL
녹말가루	30g

조리법

1. 생선살은 0.2cm 두께로 넓게 포를 떠서 물기를 제거하고 소금, 후춧가루, 생강즙으로 밑간을 한다. 생선이 통째로 있을 때는 세장뜨기를 하고 껍질은 벗긴 다음 포를 뜬다.
2. 오이는 돌려깎아 채 썰고, 당근도 채 썰고, 표고버섯은 불려 기둥을 떼어내고 채를 썬다.
3. 오이, 당근은 소금에 절여 물에 헹군 다음 물기를 닦고, 표고버섯은 간장, 설탕, 참기름으로 양념한다.
4. 달걀은 소금을 넣고 황·백지단을 부쳐 채 썬다.
5. 팬에 식용유를 두르고 오이, 당근, 표고버섯을 순서대로 볶아낸다.
6. 도마 위에 대발을 놓고 위에 젖은 면보를 깐 다음 생선포를 빈틈없이 잘 펴놓고 녹말가루를 고루 뿌린다.
7. 그 위에 볶아놓은 재료를 색 맞추어 길게 놓고 지름이 3cm가 되게 둥글게 말아서 양 끝에 녹말물을 발라 바르고 김 오르는 찜통에 넣어 10분간 찐다.
8. 어선이 식으면 지름 3cm, 두께 2cm로 썰어서 접시에 담는다.

주요 재료

재료 손질

Check Point

① 생선포는 껍질 벗긴 쪽을 김발 위로 올라오게 놓고 말아야 어선의 바깥쪽이 하얗고 깨끗하게 된다.

② 찐 다음 식혀서 썰어야 부서지지 않고 모양내기가 좋다.

오이선

시험시간 25분

요구사항

주어진 재료를 사용하여 다음과 같이 '오이선'을 만드시오.

1. 오이를 길이로 $\frac{1}{2}$등분 한 후, 4cm 간격으로 어슷하게 썰어 4개를 만드시오(반원 모양).
2. 일정한 간격으로 3군데 칼집을 넣고 부재료를 일정량씩 색 맞춰 끼우시오(단, 달걀은 황 · 백으로 분리하여 사용하시오).
3. 단촛물을 오이선에 끼얹어 내시오.

조리상의 유의사항

1. 오이를 볶을 때는 고유의 색이 변하지 않게 주의한다.
2. 어슷하게 칼집을 넣은 부분이 떨어지지 않게 한다.
3. 단촛물 배합에 주의한다.

Memo

재료 및 분량

- 오이(가늘고 곧은 것, 20cm 정도) .... ½개
- 소고기(살코기) 20g
- 건표고버섯(지름 5cm 정도) .. 1개
- 달걀 1개
- 참기름 5mL
- 검은후춧가루 1g
- 식용유 15mL
- 깨소금 5g
- 대파 흰부분(4cm 정도) 1토막
- 깐마늘(중) 1쪽
- 소금(정제염) 20g
- 진간장 5mL
- 백설탕 5g
- 식초 10mL

조리법

1. 오이는 소금으로 문질러 씻어 반으로 갈라 4cm 길이로 어슷 썰어 1cm 간격의 칼집을 세 번 넣고 소금물에 절인다.
2. 표고버섯과 소고기는 2~3cm 길이로 가늘게 채 썰어 갖은 양념에 무쳐 볶는다.
3. 달걀은 황백지단으로 부쳐 2~3cm 길이로 곱게 채 썬다.
4. 오이가 절여지면 면보로 물기를 닦고 달군 팬에 식용유를 두르고 파랗게 볶아 식힌다.
5. 오이 칼집 사이에 준비한 재료를 색을 맞추어 끼워 그릇에 담는다.
6. 단촛물은 배합이 맞도록 하여 끓인 다음 식혀서 사용한다.
7. 단촛물은 상에 내기 직전에 오이선 위에 끼얹어 낸다.

주요 재료

재료 손질

Check Point

① 오이의 칼집은 균일한 간격으로 넣고 살짝 볶아야 색이 곱고 아삭하다.
② 오이 칼집 사이에 부재료는 적당량씩 꼭 끼워 일정한 모양의 오이선을 만든다.
③ 소의 재료는 오이의 아랫부분의 넓이와 같이 3cm 정도로 채 썬다.
④ 상에 내기 직전 촛물을 끼얹어야 오이의 색이 퇴색되지 않는다.

호박선

시험시간 35분

요구사항

주어진 재료를 사용하여 다음과 같이 '호박선'을 만드시오.

1. 애호박은 길이로 반을 갈라서 4cm 길이로 어슷썰기를 한 후 3번 칼집을 넣어 소금물에 살짝 절여 사용하시오.
2. 소고기, 표고버섯, 당근은 곱게 채 썰어 양념하시오.
3. 황백지단은 0.1cm×0.1cm×2cm로, 실고추는 2cm로, 잣은 반으로 쪼개어(비늘잣) 석이버섯과 함께 고명으로 얹으시오.
4. 호박선은 2개를 겨자장과 함께 제출하시오.
   *호박을 열십(+)자로 칼집을 내어 제출하는 경우는 오작으로 처리.

조리상의 유의사항

- 호박은 소금물에 살짝 절여서 쓰고 호박의 껍질색을 살려 익힌다.

재료 및 분량

- 애호박(가는 것, ½정도 자름) 150g
- 소고기(살코기) 20g
- 건표고버섯(5cm 정도 불린 것) 1개
- 당근(길이 7cm 정도) 50g
- 달걀 1개
- 실고추(길이 10cm, 1~2줄기) 1g
- 잣(깐 것) 3개
- 석이버섯(마르고 부서지지 않은 것) 5g
- 깨소금 5g
- 진간장 10mL
- 대파 흰부분(4cm 정도) 1토막
- 깐마늘(중) 1쪽
- 식용유 10mL
- 참기름 5mL
- 소금(정제염) 10g
- 검은 후춧가루 1g
- 겨자가루 5g
- 백설탕 10g
- 식초 5mL

조리법

1. 애호박은 길이로 반을 갈라서 어슷하게 4cm 길이로 썰어 바닥으로부터 1cm 남기고 칼집을 세 군데 넣은 다음, 진한 소금물에 절인다.
2. 당근은 길이 2cm, 폭과 두께를 0.1cm로 채 썰어 소금물에 데쳐서 물기를 빼 둔다.
3. 소고기와 표고버섯도 길이 2cm, 폭과 두께를 0.1cm로 채 썰어 갖은 양념한다.
4. 당근, 소고기, 표고버섯을 합하여 절여진 호박의 칼집 사이에 끼운다.
5. 냄비에 육수를 붓고 간장, 소금으로 간을 맞추어 호박을 넣고 국물을 끼얹으며 끓인다.
6. 달걀은 황백지단을 부쳐 길이 2cm, 폭과 두께를 0.1cm로 채 썰고 잣은 반으로 쪼개어 비늘잣을 만든다.
7. 석이버섯은 불려 씻어 폭 0.1cm, 길이 2cm로 채 썰어 소금, 참기름으로 살짝 볶는다.
8. 익힌 호박을 접시에 담고 조린 국물을 담은 후 지단 채, 석이버섯, 실고추, 잣을 고명으로 얹는다.
9. 겨자장을 곁들여 낸다.

주요 재료

재료 손질

Check Point

① 소의 재료는 짧고 곱게 채 썰어 끈기있게 한 후 칼집 사이에 넣는다.

② 호박을 너무 익혀서 물러지거나 변색되지 않게 한다.

더덕생채

시험시간 20분

요구사항

주어진 재료를 사용하여 다음과 같이 '더덕생채'를 만드시오.

1. 더덕은 5cm로 썰어 두들겨 편 후 찢어서 쓴 맛을 제거하여 사용하시오.
2. 고춧가루로 양념하고 전량을 제출하시오.

조리상의 유의사항

1. 더덕을 두들길 때 부스러지지 않도록 한다.
2. 무쳐진 상태가 깨끗하고 빛이 고와야 한다.

Memo

재료 및 분량

재료	분량
통더덕(껍질 있는 것, 길이 10~15cm)	2개
고춧가루	20g
대파 흰 부분(4cm 정도)	1토막
깐마늘(중)	1쪽
백설탕	5g
식초	5mL
소금(정제염)	5g
깨소금	5g

조리법

1. 더덕은 껍질을 벗기고 반으로 가른 다음, 5cm 길이로 썰어 소금물에 담가서 쓴맛을 우려내고 방망이로 자근자근 두들긴다.
2. 더덕의 물기를 제거하고 방망이로 밀어서 가늘게 찢는다.
3. 고춧가루, 설탕, 식초, 다진파, 다진마늘, 깨소금을 한데 섞어 양념을 만든다.
4. 더덕에 양념을 넣어 무친다.
5. 양념이 고루 잘 배면 담을 때는 부풀려서 담아낸다.

주요 재료

재료 손질

Check Point

① 더덕은 껍질을 벗기고 0.3cm 두께로 저며 방망이로 부스러지지 않게 두들겨 편다.

② 더덕을 무칠 때는 고춧가루 양념이 고루 배도록 꼭꼭 주물러 무치고, 담을 때는 다시 부풀려 담는 것이 좋다.

도라지생채

시험시간 15분

요구사항

주어진 재료를 사용하여 다음과 같이 '도라지생채'를 만드시오.

1. 도라지는 0.3cm × 0.3cm × 6cm로 써시오.
2. 생채는 고추장과 고춧가루 양념으로 무쳐 제출하시오.

조리상의 유의사항

1. 도라지는 굵기와 길이를 일정하게 하도록 한다.
2. 양념이 거칠지 않고 색이 고와야 한다.

Memo

재료 및 분량

통도라지(껍질 있는 것, 길이 20cm 정도)	3개
소금(정제염)	5g
고추장	20g
고춧가루	10g
백설탕	10g
식초	15mL
대파 흰부분(4cm 정도)	1토막
깐마늘(중)	1쪽
깨소금	5g

조리법

1. 통도라지는 돌려서 껍질을 벗기고 길이 6cm, 두께와 폭은 각각 0.3cm 크기로 찢어 소금물에 주물러 씻어 쓴맛을 없앤다.
2. 찬물에 헹군 다음 물기를 꼭 짜둔다.
3. 고추장에 고춧가루, 설탕, 식초를 넣고 잘 갠 후 곱게 다진 파, 다진 마늘, 깨소금을 넣어서 초고추장을 만든다.
4. 도라지에 초고추장을 넣고 고루 무쳐서 알맞은 색깔이 나도록 한 후 담아낸다.

주요 재료

재료 손질

Check Point

① 도라지는 깨끗이 손질하여 굵기를 일정하게 다듬어 놓는다.
② 도라지의 물기를 꼭 짜고 고추장 양념으로 물이 생기지 않도록 무치는 것이 좋다.
③ 파는 되도록 흰 부분을 사용하는 것이 좋다.
④ 양념을 잘 혼합하여 도라지를 무친 상태가 고르도록 한다.

무생채

시험시간 15분

요구사항

주어진 재료를 사용하여 다음과 같이 '무생채'를 만드시오.

1. 무는 0.2cm × 0.2cm × 6cm로 써시오.
2. 생채는 고춧가루를 사용하시오.
3. 무생채는 70g 이상 제출하시오.

조리상의 유의사항

1. 무채는 길이와 굵기가 일정하게 썰고 무채의 색에 유의한다.
2. 무쳐 놓은 생채는 싱싱하고 깨끗해야 한다.
3. 식초와 설탕의 간을 맞추는 데 유의한다.

Memo

재료 및 분량

재료	분량
무(길이 7cm)	100g
소금(정제염)	5g
고춧가루	10g
깨소금	5g
백설탕	10g
식초	5mL
대파 흰부분(4cm 정도)	1토막
깐마늘(중)	1쪽
생강	5g

조리법

1. 무는 두께 0.2cm, 폭과 길이 0.2cm × 6cm 크기로 일정하게 채를 썬다. 파, 마늘, 생강은 곱게 다진다.
2. 무에 고춧가루를 넣고 무쳐 빨갛게 색을 낸다.
3. 식초, 소금, 설탕, 깨소금, 다진 파, 다진 마늘, 다진 생강을 고루 섞어서 무에 넣고 무친다.
4. 식초와 설탕이 알맞아야 생채의 맛이 좋다.

주요 재료

재료 손질

Check Point

① 무채는 길이 방향으로 일정하게 써는 것이 중요하다.
② 무에 먼저 고춧가루 양념을 하고 무쳐야 색이 곱게 된다.
③ 무생채가 싱싱하도록, 내기 직전에 양념하여 살살 무쳐 낸다.
④ 식초와 설탕의 양이 알맞아야 생채의 맛이 좋으며 그 양은 식성에 따라 약간씩 가감한다.

칠절판

시험시간
40분

요구사항

주어진 재료를 사용하여 다음과 같이 '칠절판'을 만드시오.

1. 밀전병은 직경 8cm가 되도록 6개를 만드시오.
2. 채소와 황백지단, 소고기는 0.2cm × 0.2cm × 5cm정도로 써시오.
3. 석이버섯은 곱게 채를 써시오.

조리상의 유의사항

1. 밀전병의 반죽 상태에 유의한다.
2. 완성된 채소의 색깔에 유의한다.

Memo

재료 및 분량

소고기(살코기)	50g
오이(20cm 정도)	½개
당근(길이 7cm 정도)	50g
석이버섯(마르고 부서지지 않은 것)	5g
달걀	1개
밀가루(중력분)	50g
소금(정제염)	10g
식용유	30mL
진간장	20mL
백설탕	10g
대파 흰부분(4cm)	1토막
깐마늘(중)	2쪽
깨소금	5g
참기름	10mL
검은후춧가루	1g

조리법

❶ 소고기는 결대로 두께는 0.2cm, 폭과 길이는 0.2cm × 5cm 크기로 채 썰어 양념장에 재운다.

❷ 오이는 5cm 길이로 토막 내어 껍질 부분부터 돌려깎기 하여 0.2cm 폭으로 채 썰어 소금을 약간 뿌려두었다가 물기를 짠다.

❸ 당근도 같은 크기로 채 썰어 소금에 절였다가 물기를 짠다.

❹ 석이버섯은 따뜻한 물에 불려 비벼 씻어 잘 손질한 후, 물기를 없애고 돌돌 말아 가늘게 채 썰어 소금과 참기름으로 무친다.

❺ 달걀은 황백으로 지단을 부쳐 두께는 0.2cm, 폭과 길이는 0.2cm × 5cm 크기로 곱게 채 썬다.

❻ 밀가루에 소금과 물을 넣고 잘 풀어 체에 내려서 멍울이 없도록 한 후, 반 큰술씩 떠서 직경 8cm 크기로 둥글게 밀전병을 부친다.

❼ 오이, 석이버섯, 당근, 소고기 순으로 볶아내어 넓게 펴서 식혀둔다.

❽ 접시에 가운데 밀전병을 담고 볶은 재료들을 색 맞추어 소복하게 돌려 담는다.

주요 재료

재료 손질

Check Point

① 밀전병의 반죽은 밀가루와 물의 비율을 1 : 1로 하고 밀가루물을 체에 내려 멍울이 없게 한다.
② 각 재료는 같은 크기로 가늘게 채 써는 것이 좋다.
③ 밀전병은 깨끗한 팬에서 둥근 모양으로 종이처럼 얇게 부쳐 식혀서 접시의 가운데에 담는다.
④ 황백지단은 고유의 색을 잘 유지하여 부친다.
⑤ 담을 때 색의 조화가 맞게 담아야 한다.
⑥ 겨자장을 곁들여 내어 함께 먹어도 좋다.

생선전

시험시간 25분

요구사항

주어진 재료를 사용하여 다음과 같이 '생선전'을 만드시오.

1. 생선전은 0.5cm × 5cm × 4cm로 만드시오.
2. 달걀은 흰자와 노른자를 혼합하여 사용하시오.
3. 생선전은 8개를 제출하시오.

조리상의 유의사항

1. 생선이 부서지지 않게 한다.
2. 달걀옷이 떨어지지 않도록 한다.

Memo

재료 및 분량

동태(1마리) 400g
밀가루(중력분, 3큰술) 30g
달걀 1개
식용유 50mL
소금(정제염) 10g
흰 후춧가루 2g

조리법

❶ 동태는 머리, 지느러미, 내장을 제거하고 깨끗이 씻어서 물기를 닦고 세장뜨기를 한다.
❷ 생선살의 껍질쪽을 도마쪽으로 하여 꼬리부터 껍질을 깨끗하게 벗긴다. 이때 껍질을 왼손으로 잡고 칼을 밀면서 껍질을 벗기면 잘 벗겨진다.
❸ 두께 0.3cm, 가로 6cm, 세로 5cm 크기로 도톰하게 포를 떠 낸다.
❹ 생선살의 물기를 제거한 다음 소금과 흰 후춧가루를 뿌려둔다.
❺ 밀가루를 묻혀 여분의 밀가루는 털어내고 달걀물을 입힌다.
❻ 팬에 하나씩 놓고 약한 불로 노릇하게 지지면서 익힌다.

주요 재료

재료 손질

Check Point

① 생선포에 밀가루를 두껍게 입히지 말고 달걀물은 넉넉히 입힌다.
② 달걀노른자의 양을 많게 하면 전의 색이 곱다.
③ 팬을 깨끗이 닦으면서 약한 불에서 노릇노릇하게 지진다.
④ 자주 뒤집지 말고 생선의 배쪽부터 지져 노릇해지면 뒤집어 충분히 익힌다.
⑤ 생선이 부서지지 않게 하고 전의 표면이 매끄럽게 지진다.

육원전

요구사항

주어진 재료를 사용하여 다음과 같이 '육원전'을 만드시오.

1. 육원전은 직경이 4cm, 두께 0.7cm 정도가 되도록 하시오.
2. 달걀은 흰자와 노른자를 혼합하여 사용하시오.
3. 육원전은 6개를 제출하시오.

조리상의 유의사항

1. 고기와 두부의 배합이 맞아야 한다.
2. 전의 속까지 잘 익도록 한다.
3. 모양이 흐트러지지 않아야 한다.

Memo

재료 및 분량

소고기(살코기)	70g
두부	30g
밀가루(중력분)	20g
달걀	1개
대파 흰부분(4cm 정도)	1토막
식용유	30mL
검은후춧가루	2g
참기름	5mL
소금(정제염)	5g
깐마늘(중)	1쪽
백설탕	5g
깨소금	5g

조리법

❶ 소고기는 살코기로 곱게 다지고, 두부는 면보에 물기를 꼭 짜서 칼등으로 으깨어 소고기와 합쳐 고루 섞어 양념을 넣어 치댄다.

❷ 직경이 4cm, 두께가 0.7cm 정도의 동글납작한 완자를 빚어 가운데를 살짝 눌러준다.

❸ 완자에 밀가루를 묻히고 달걀물을 입혀서 약한불에서 노릇하게 지져서 낸다.

주요 재료

재료 손질

Check Point

① 소고기는 힘줄과 기름을 제거하여 짧은 시간에 곱게 다진다.

② 고기는 살코기만 사용하고 고기와 두부를 곱게 다져 끈기 있게 치대서 가장자리가 갈라지지 않게 한다.

표고전

요구사항

주어진 재료를 사용하여 다음과 같이 '표고전'을 만드시오.

1. 표고버섯과 속은 각각 양념하시오.
2. 완성된 표고전은 5개를 제출하시오.

조리상의 유의사항

1. 표고버섯의 색깔을 잘 살릴 수 있도록 한다.
2. 고기가 완전히 익도록 한다.

Memo

재료 및 분량

건표고버섯(지름 2.5~4cm)	5개
소고기(살코기)	30g
두부	15g
밀가루(중력분)	20g
달걀	1개
대파 흰부분(4cm 정도)	1토막
식용유	20mL
소금(정제염)	5g
검은 후춧가루	1g
진간장	5mL
백설탕	5g
참기름	5mL
깨소금	5g
깐마늘(중)	1쪽

조리법

1. 표고버섯은 따뜻한 물에 불려 기둥을 뗀 후 물기를 없애고 간장, 설탕, 참기름으로 버무려 간이 배도록 둔다.
2. 소고기는 살코기만 곱게 다지고, 두부는 면보에 물기를 꼭 짜서 칼등으로 으깨어 소고기와 함께 고루 섞은 후 양념을 넣어 치대어 소를 만든다.
3. 양념한 표고버섯의 안쪽에 밀가루를 묻히고 소를 편편히 채운 다음, 소를 넣은 쪽에 밀가루를 묻히고 달걀물을 입힌다.
4. 팬에 소를 넣은 쪽을 먼저 은근한 불에서 노릇하게 지져내고 표고버섯의 바깥쪽도 살짝 지진다.

주요 재료

재료 손질

Check Point

① 표고전에는 생표고보다는 건표고가 적당하다.
② 불린 표고는 물기를 잘 닦고 유장으로 양념해야 물기가 안 생긴다.
③ 가운데의 두꺼운 부분은 소를 얇게 채우고 가장자리의 접힌 부분에 꼭꼭 밀어 넣어 모양을 잡아 지져야 곱다.
④ 소를 완전히 익혀야 한다.

풋고추전

요구사항

주어진 재료를 사용하여 다음과 같이 '풋고추전'을 만드시오.

1. 풋고추는 먼저 5cm 길이로 소를 넣고 지져 내시오.
2. 풋고추는 잘라 데쳐서 사용하며 완성된 풋고추전은 8개를 제출하시오.

조리상의 유의사항

- 완성된 풋고추전의 색에 유의한다.

Memo

재료 및 분량

- 풋고추(11cm 이상) 2개
- 소고기(살코기) 30g
- 두부 15g
- 밀가루(중력분) 15g
- 달걀 1개
- 대파 흰부분(4cm 정도) 1토막
- 식용유 20mL
- 소금(정제염) 5g
- 검은 후춧가루 1g
- 참기름 5mL
- 깨소금 5g
- 깐마늘(중) 1쪽
- 백설탕 5g

조리법

1. 풋고추는 길이로 반을 갈라 씨를 발라내고 5cm 길이로 잘라서 끓는 물에 소금을 약간씩 넣고 데친다.
2. 소고기는 살코기로 곱게 다지고 두부는 면보에 물기를 꼭 짜서 칼등으로 곱게 으깬 후 소고기와 섞어서 양념하여 치대어 소를 만든다.
3. 풋고추 안쪽에 밀가루를 뿌리고 소를 편편히 채운 다음 소 넣은 쪽에 밀가루를 묻히고 달걀물을 입힌다.
4. 팬에 소를 넣은 쪽을 먼저 은근한 불에서 노릇하게 지져내고 고추의 파란쪽도 살짝 지져낸다.

주요 재료

재료 손질

Check Point

① 풋고추는 모양이 바른 것을 택하고 뻣뻣한 것은 소금물에 씻어내면 부드러워진다.
② 고기와 두부는 곱게 다진 후 끈기나게 치댄다. 편편하게 채워야 고루 잘 익는다.
③ 소 넣은 쪽을 익힌 후 파란 쪽은 불을 끄고 잠시 지져 바로 뒤집어야 색이 파랗게 곱다.

너비아니구이

요구사항

주어진 재료를 사용하여 다음과 같이 '너비아니구이'를 만드시오.

1. 완성된 너비아니는 0.5cm × 4cm × 5cm로 하시오.
2. 석쇠를 사용하여 굽고, 6쪽을 제출하시오.
3. 잣가루를 고명으로 얹으시오.

조리상의 유의사항

1. 고기가 연해지도록 손질한다.
2. 구워진 정도와 모양 및 색깔에 유의하여 굽는다.

Memo

재료 및 분량

재료	분량
소고기(안심 또는 등심)	100g
깐잣	5개
A4용지	1장
식용유	10mL
진간장	50mL
백설탕	10g
대파 흰부분(4cm 정도)	1토막
깐마늘(중)	2쪽
깨소금	5g
참기름	10mL
검은후춧가루	2g
배(1/8개)	50g

조리법

1. 소고기는 안심이나 등심 등 연한 부위를 두께 0.5cm, 가로 세로 4~5cm 크기로 썰어서 칼등으로 자근자근 두들긴다.
2. 파, 마늘은 곱게 다져서 간장, 설탕, 깨소금, 참기름, 후춧가루, 배즙과 잘 혼합하여 양념장을 만든다.
3. 잣은 종이 위에서 다져놓는다.
4. 적당한 분량의 양념장에 고기를 한 장씩 담가 양념장이 고루 배도록 재워둔다.
5. 석쇠를 달구어 식용유를 바른 후 고기를 가지런히 놓고 타지 않게 앞뒤로 고루 구워낸다.
6. 소고기의 표면이 촉촉하면서 타지 않도록 색깔에 유의하며 익힌다.
7. 너비아니를 그릇에 담고 잣가루를 고명으로 얹는다.

주요 재료

재료 손질

Check Point

① 고기는 반드시 결 반대 방향으로 얇게 썰되, 부스러지지 않도록 주의한다.
② 약간 센불에서 단시간에 굽는 것이 좋으며 타지 않도록 주의한다.
③ 접시에 담은 4쪽의 크기와 두께가 일정하도록 한다.

더덕구이

시험시간 30분

요구사항

주어진 재료를 사용하여 다음과 같이 '더덕구이'를 만드시오.

1. 더덕은 껍질을 벗겨 사용하시오.
2. 유장으로 초벌구이를 하고, 고추장 양념으로 석쇠에 구우시오.
3. 완성품은 전량 제출하시오.

조리상의 유의사항

1. 더덕이 부서지지 않도록 두들긴다.
2. 더덕이 타지 않도록 굽는 데 유의한다.

Memo

재료 및 분량

재료	분량
통더덕(껍질이 있고, 길이 10~15cm 정도)	3개
고추장	30g
진간장	10mL
백설탕	5g
대파 흰부분(4cm 정도)	1토막
깐마늘(중)	1쪽
깨소금	5g
참기름	10mL
소금(정제염)	10g
식용유	10mL
유장	
참기름	12g
간장	5g

조리법

❶ 더덕은 돌려가며 껍질을 벗긴 후 소금물에 담가 우려서 5cm 길이로 썰어 방망이로 자근자근 두들겨 편편하게 만든다.

❷ 유장을 만들어 손질한 더덕에 고루 발라 석쇠에 애벌구이 한다.

❸ 고추장에 간장, 다진 파, 다진 마늘, 설탕, 깨소금, 참기름을 섞어 양념장을 만든다.

❹ 석쇠에 식용유를 칠한 후 애벌구이 한 더덕에 양념장을 골고루 발라서 타지 않게 구워 낸다. 더덕은 가장자리가 잘 타므로 불 조절을 잘해서 굽는다.

❺ 더덕의 모양을 살려 그릇에 담아낸다.

주요 재료

재료 손질

Check Point

① 더덕은 껍질을 벗기고 반으로 갈라 펴서 부서지지 않게 두들겨서 편편하게 편다.
② 유장을 발라 애벌구이 한 후 고추장 양념을 두세 번 발라 윤기나고 타지 않게 굽는다.
③ 완성된 더덕의 크기는 길이가 5cm 정도 되게 한다.

북어구이

시험시간 20분

요구사항

주어진 재료를 사용하여 다음과 같이 '북어구이'를 만드시오.

1. 구워진 북어의 길이는 5cm로 하시오.
2. 유장으로 초벌구이를 하고 고추장 양념으로 석쇠에 구우시오.
3. 완성품은 3개를 제출하시오.
   (단, 세로로 잘라 3/6토막 제출할 경우 수량 부족으로 미완성 처리)

조리상의 유의사항

1. 북어를 물에 불려 사용한다(이때 부스러지지 않도록 유의한다).
2. 북어가 타지 않도록 잘 굽는다.
3. 고추장 양념장을 만들어 북어를 무쳐서 재운다.

Memo

재료 및 분량

재료	분량
북어포 40g(반을 갈라 말린 껍질이 있는 것)	1마리
고추장	40g
진간장	20mL
백설탕	10g
대파 흰부분(4cm 정도)	1토막
깐마늘(중)	2쪽
깨소금	5g
참기름	15mL
검은 후춧가루	2g
식용유	10mL
유장	
참기름	12g
간장	5g

조리법

1. 북어포를 물에 잠깐 불려 물기를 눌러 짠 후 지느러미와 꼬리는 잘라내고 뼈를 발라 낸 후 6cm 길이로 자른다.
2. 껍질쪽에 바둑판 모양의 칼집을 넣고 양 가장자리도 잔 칼집을 넣어 오그라들지 않도록 하여 유장에 재운다.
3. 석쇠를 달구어 식용유를 바르고 유장에 재운 북어를 살짝 굽는다.
4. 고추장에 간장, 설탕, 다진 파, 다진 마늘, 깨소금, 참기름, 후춧가루를 섞어 양념장을 만든다.
5. 애벌구이한 북어에 고추장 양념장을 다시 발라서 간이 배면 타지 않게 잘 구워낸다.

주요 재료

재료 손질

Check Point

① 북어포를 너무 오래 물에 불리면 북어살이 부서지기 쉬우므로 주의한다.

② 고추장 양념장의 재료들을 잘 혼합하여 농도가 맞아야 구이가 맛있게 된다.

③ 고추장 양념장을 두세 번 발라 윤기나고 타지 않게 굽는다.

제육구이

시험시간 30분

요구사항

주어진 재료를 사용하여 다음과 같이 '제육구이'를 만드시오.

1. 완성된 제육의 두께는 0.4cm × 4cm × 5cm 정도로 하시오.
2. 고추장 양념을 하여 석쇠에 구우시오.
3. 제육구이는 전량을 제출하시오.

조리상의 유의사항

1. 구워진 표면이 마르지 않도록 한다.
2. 구워진 고기의 모양과 색깔에 유의하여 굽는다.
3. 고추장 양념장을 만들어 북어를 무쳐서 재운다.

Memo

재료 및 분량

돼지고기(등심 또는 볼깃살)	150g
고추장	40g
진간장	10mL
백설탕	15g
대파 흰부분(4cm 정도)	1토막
깐마늘(중)	2쪽
생강	10g
깨소금	5g
참기름	5mL
검은후춧가루	2g
식용유	10mL

조리법

❶ 돼지고기는 두께 0.4cm, 너비 4cm × 5cm 정도의 크기로 포를 떠서 앞뒤로 칼집을 넣어 오그라들지 않도록 한다.

❷ 고추장에 간장, 설탕, 다진 파, 다진 마늘, 생강즙, 깨소금, 참기름, 후춧가루를 넣어 잘 혼합하여 양념장을 만든다. 양념장이 되직하면 물을 넣어 농도를 맞춘다.

❸ 손질한 돼지고기에 양념장을 골고루 무쳐 간이 배도록 한 후 석쇠에 굽는다.

❹ 구울 때 불 조절을 잘하여 충분히 익고 타지 않도록 하며, 구워진 표면이 마르지 않도록 한다.

주요 재료

재료 손질

Check Point

① 너무 센불에서 구우면 속은 익지 않고 겉만 타므로 불 조절을 잘해서 속까지 충분히 익도록 한다.

② 석쇠를 사용할 때는 석쇠에 기름칠을 한 번 해서 불에 달군 후에 구워야 눌어붙지 않는다.

③ 제육은 구울 때 소고기와 같이 많이 줄어들지 않으므로 크기를 자를 때 고려한다.

④ 석쇠를 이용하여 구운 상태가 윤기있고 고르며 구운 정도가 적당하도록 익힌다.

생선양념구이

시험시간 30분

요구사항

주어진 재료를 사용하여 다음과 같이 '생선양념구이'를 만드시오.

1. 생선은 머리와 꼬리를 포함하여 통째로 사용하고 내장은 아가미쪽으로 제거하시오.
2. 유장으로 초벌구이를 하고, 고추장 양념으로 석쇠에 구우시오.
3. 생선구이는 머리는 왼쪽, 배는 앞쪽 방향으로 담아내시오.

조리상의 유의사항

1. 석쇠를 사용하며 부서지지 않게 굽도록 유의한다.
2. 생선을 담을 때는 방향을 고려해야 한다.

Memo

재료 및 분량

재료	분량
조기(100~120g)	1마리
소금(정제염)	20g
고추장	40g
진간장	20mL
백설탕	5g
대파 흰부분(4cm 정도)	1토막
깐마늘(중)	1쪽
깨소금	5g
참기름	5mL
검은 후춧가루	2g
식용유	10mL
유장	
참기름	12g
간장	5g

조리법

1. 생선은 비늘을 긁어낸 후 배를 가르지 말고 아가미로 내장을 빼낸 뒤 깨끗이 씻어 생선 앞·뒤쪽에 2cm 간격으로 칼집을 어슷하게 3번 정도 넣고 소금을 뿌려둔다.
2. 소금이 배어들면 물기를 닦아낸 다음 유장을 생선에 골고루 발라 재워 놓는다.
3. 고추장에 설탕, 간장, 다진 파, 다진 마늘, 깨소금, 참기름을 섞어 양념장을 만든다.
4. 석쇠를 달구어 유장에 재운 생선을 얹어 굽다가 반쯤 익었으면 고추장 양념장을 2~3번 덧바르면서 약한불에서 속까지 익도록 굽는다.
5. 접시에 담을 때는 생선의 머리가 왼쪽, 배가 앞쪽 방향으로 오도록 담아낸다.

주요 재료

재료 손질

Check Point

① 생선의 내장은 배를 가르지 말고 아가미로 빼내어 생선의 원형을 그대로 유지하도록 한다.
② 고추장 양념장을 두세 번 바르면서 구워야 촉촉하면서 윤기가 있다.
③ 석쇠는 뜨겁게 달군 후, 식용유를 한 번 바르고 생선을 구워야 모양이 부서지지 않는다.
④ 센불에서 구우면 속은 익지 않고 겉은 타므로 약한 불에서 속까지 익도록 굽는다.
⑤ 담아낼 때 생선의 머리가 왼쪽, 배가 앞쪽에 오도록 유의한다.

섭산적

시험시간 30분

요구사항

주어진 재료를 사용하여 다음과 같이 '섭산적'을 만드시오.

1. 고기와 두부의 비율을 3 : 1 정도로 하시오.
2. 다져서 양념한 소고기는 크게 반대기를 지어 석쇠에 구우시오.
3. 완성된 섭산적은 0.7cm × 2cm × 2cm로 9개 이상 제출하시오.

조리상의 유의사항

1. 다져서 양념한 소고기는 크게 반대기를 지어 구운 뒤 자른다.
2. 고기가 타지 않고 잘 구워지도록 유의한다.

Memo

재료 및 분량

재료	분량
소고기(살코기)	80g
두부	30g
대파 흰부분(4cm 정도)	1토막
깐잣	10개
A4용지	1장
식용유	30mL
소금(정제염)	5g
백설탕	10g
깐마늘(중)	1쪽
깨소금	5g
검은 후춧가루	2g
참기름	5mL

조리법

❶ 소고기는 곱게 다지고 두부는 면보에 물기를 꼭 짜 칼등으로 으깨 소고기와 합쳐 양념장을 섞어 치댄다.

❷ 치댄 고기를 0.7cm 두께로 네모지게 반대기(8cm × 8cm)를 짓고 앞뒤로 잔 칼집을 꼼꼼하게 넣는다.

❸ 석쇠를 달구어 기름을 바르고 고기를 얹어 굽는다. 타지 않고 연갈색이 나도록 한다.

❹ 섭산적이 식으면 2cm × 2cm 크기로 썰어 접시에 담고 잣가루를 뿌려 낸다.

주요 재료

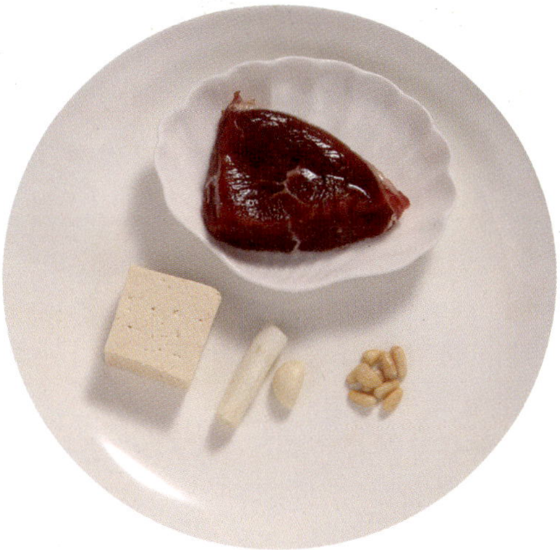

재료 손질

Check Point

① 소고기와 두부의 비율은 3 : 1이 가장 적당하며, 파·마늘은 곱게 다져서 넣는다.

② 소고기와 두부를 곱게 으깨어 끈기가 나도록 치대어 반대기를 짓는다.

③ 석쇠를 충분히 달구고 석쇠의 위치를 옮겨가며 골고루 굽히게 한다.

④ 잣가루(잣소금)를 만들 때는 잣의 고깔을 떼고 행주에 닦아 종이를 놓고 칼로 곱게 다진다.

지짐누름적

요구사항

주어진 재료를 사용하여 다음과 같이 '지짐누름적'을 만드시오.

1. 각 재료는 0.6cm × 1cm × 6cm로 하시오.
2. 누름적의 수량은 2개를 제출하고 꼬치는 빼서 제출하시오.

조리상의 유의사항

1. 각각의 준비된 재료를 조화있게 끼워서 색을 잘 살릴 수 있도록 지진다.
2. 당근과 통도라지는 기름으로 볶으면서 소금으로 간을 한다.

Memo

재료 및 분량

재료	분량
소고기(살코기, 길이 7cm)	50g
건표고버섯(지름 5cm 정도)	1개
당근(길이 7cm 정도)	50g
통도라지(길이 20cm 정도)	1개
쪽파(중)	2뿌리
밀가루(중력분)	20g
달걀	1개
산적꼬치(길이 8~9cm 정도)	2개
식용유	30mL
대파 흰부분(4cm 정도)	1토막
진간장	10mL
백설탕	5g
참기름	5mL
검은 후춧가루	2g
소금(정제염)	5g
깐마늘(중)	1쪽
깨소금	5g

조리법

1. 소고기 두께는 0.6cm, 폭과 길이는 1cm × 7cm로 크기로 썰어 잔 칼집을 낸다.
2. 통도라지, 당근, 불린 표고버섯은 두께 0.6cm 크기, 폭과 길이 1cm × 6cm로, 쪽파는 6cm 길이로 썬다.
3. 통도라지와 당근은 끓는 물에 소금을 약간 넣고 데쳐 냉수에 헹군다. 쪽파는 소금, 참기름으로 무친다.
4. 표고버섯은 간장, 설탕, 참기름으로 양념하고 소고기는 양념장에 버무린다.
5. 팬을 달구어 식용유를 두르고 통도라지, 당근, 표고버섯, 소고기의 순으로 볶아낸다.
6. 산적꼬치를 다듬어 준비한 재료를 색 맞추어 끼운 후 밀가루를 묻혀 달걀물에 담가 팬에 기름을 두르고 지진다.
7. 식으면 꼬치를 돌려가며 빼내고 접시에 담아낸다.

주요 재료

재료 손질

Check Point

① 화양적에 밀가루와 달걀물을 익혀 지진 음식으로 지짐누름적에는 오이 대신 실파를 사용한다.
② 각 재료의 크기와 두께를 일정하게 맞추어야 보기가 좋다.
③ 각 재료는 색이 하얀 순서대로 간 맞추어 볶는다.
④ 지질 때 색이 고운 부분은 밀가루를 얇게 묻히고 뒷면은 듬뿍 묻힌다.
⑤ 달걀물은 흠뻑 적셔 가장자리가 벌어지지 않도록 꼭 눌러 지진다.

화양적

시험시간 35분

요구사항

주어진 재료를 사용하여 다음과 같이 '화양적'을 만드시오.

1. 화양적은 0.6cm × 6cm × 6cm로 만드시오.
2. 달걀 노른자로 지단을 만들어 사용하시오. (단, 달걀 흰자 지단을 사용하는 경우 오작 처리)
3. 화양적은 2꼬치를 만들고 잣가루를 고명으로 얹으시오.

조리상의 유의사항

1. 통도라지는 쓴맛을 잘 뺀다.
2. 끼우는 순서는 색의 조화가 잘 이루어지도록 한다.

Memo

재료 및 분량

재료	분량
소고기(살코기, 길이 7cm)	50g
건표고버섯(지름 5cm 정도, 물에 불린 것)	1개
당근(길이 7cm 정도)	50g
통도라지(길이 20cm 정도)	1개
오이(길이 20cm 정도)	½개
달걀	2개
깐 잣	10개
산적꼬치(길이 8~9cm 정도)	2개
A4용지	1장
진간장	5mL
백설탕	5g
대파 흰부분(4cm 정도)	1토막
깐마늘(중)	1쪽
소금(정제염)	5g
참기름	5mL
깨소금	5g
검은 후춧가루	2g
식용유	30mL

조리법

❶ 당근은 0.6cm × 6cm × 1cm 크기로 썰어 끓는 소금물에 데친 다음 참기름으로 볶으면서 소금으로 간한다.

❷ 통 도라지는 소금물에 주물러 씻고 0.6cm × 6cm × 1cm 되게 썰어 끓는 소금물에 데친다.

❸ 소고기는 0.6cm × 1cm × 7cm 길이로 썰어 잔 칼집을 넣고 고기양념을 한다.

❹ 표고버섯도 물에 불려 기둥을 떼어내고 당근, 도라지와 같은 크기로 썰어 양념간장으로 무친다.

❺ 오이는 6cm 길이로 썰어 세 갈래로 잘라 속을 빼고 폭 1cm, 두께 0.6cm 정도로 썰어 소금에 절였다가 물기를 제거한다.

❻ 달걀 노른자로 황색지단을 만들어 폭은 1cm, 두께는 0.6cm가 되도록 한다.

❼ 팬을 달구어 통 도라지, 오이, 당근 순으로 참기름에 볶으면서 소금간을 한다. 표고버섯도 볶고 소고기도 지진다.

❽ 산적꼬치를 8cm 정도로 다듬어 준비한 재료를 색 맞추어 끼운 후 꼬치 양끝이 1cm 정도 남도록 다듬는다.

❾ 잣은 종이를 깔고 잘게 다져놓는다.

❿ 접시에 완성된 화양적을 담고 위에 잣가루를 뿌려낸다.

주요 재료

재료 손질

Check Point

① 잣은 고깔을 떼고 종이 위에 기름을 흡수시키면서 곱게 다져서 보슬보슬하게 한다.

② 꼬치에 색을 맞추어 잘 끼우고 잣가루를 고루 뿌린다.

③ 화양적의 완성품은 2꼬치로 하고 길이 6cm가 되도록 한다. 꼬치의 양끝이 1cm가 남도록 한다.

두부조림

시험시간
25분

요구사항

주어진 재료를 사용하여 다음과 같이 '두부조림'을 만드시오.

1. 두부는 0.8cm × 3cm × 4.5cm로 써시오.
2. 8쪽을 제출하고 촉촉하게 보이도록 국물을 약간 끼얹어 내시오.
3. 실고추와 파채를 고명으로 얹으시오.

조리상의 유의사항

1. 두부가 부서지지 않고 질기지 않게 한다.
2. 조림은 색깔이 좋고 윤기가 나도록 한다.

Memo

재료 및 분량

재료	분량
두부	200g
식용유	30mL
대파(흰 부분 4cm 정도)	1토막
실고추(길이 10cm 1~2줄기)	1g
진간장	15mL
백설탕	5g
깐마늘(중)	1쪽
검은 후춧가루	1g
참기름	5mL
소금(정제염)	5g
깨소금	5g

조리법

1. 두부는 폭과 길이를 0.8cm ×3cm × 4.5cm 크기로 썰어 소금을 약간 뿌린다.
2. 팬을 달구어서 식용유를 두르고 두부의 앞뒤를 노릇하게 지진다.
3. 파·마늘은 곱게 다지고, 파의 흰 부분은 조금 남겨 채를 썰어 고명으로 사용한다.
4. 간장, 설탕, 다진 파, 다진 마늘, 통깨를 섞어 양념장을 만든다.
5. 냄비에 두부를 담고 양념장을 골고루 끼얹은 후 물을 두부가 잠길 정도로 붓고 간이 배도록 조린다. 거의 다 조려지면 실고추와 채 썬 파를 고명으로 얹어 한 김 올려 뜸을 들인다.
6. 그릇에 담고 조린 국물을 촉촉하게 끼얹는다.

주요 재료

재료 손질

Check Point

① 두부를 기름에 노릇노릇하게 지져 색을 곱게 내야 양념간장을 넣어 조릴 때 색이 곱다. 너무 약한 불에서 두부를 지지면 물기가 생기면서 두부가 부서지기 쉬우므로 주의한다.

② 조림 양념장에 고춧가루를 넣지 않는다.

오징어볶음

시험시간 30분

요구사항

주어진 재료를 사용하여 다음과 같이 '오징어볶음'을 만드시오.

1. 오징어는 0.3cm 폭으로 어슷하게 칼집을 넣고 크기는 4cm×1.5cm 정도로 써시오. (단, 오징어 다리는 4cm 길이로 자른다).
2. 고추 · 파는 어슷 썰기, 양파는 폭 1cm로 써시오.

조리상의 유의사항

1. 오징어 손질 시 먹물이 터지지 않도록 유의한다.
2. 완성된 양념상태는 고춧가루 색이 배도록 한다.

Memo

재료 및 분량

재료	분량
물오징어(1마리)	250g
풋고추(길이 5cm 이상)	1개
홍고추(생)	1개
양파(중, ⅓개)	150g
대파 흰부분(4cm 정도)	1토막
깐마늘	2쪽
생강	5g
식용유	30mL
고추장	50g
고춧가루	15g
진간장	10mL
백설탕	20g
깨소금	5g
참기름	10mL
검은 후춧가루	2g
소금(정제염)	5g

조리법

1. 오징어는 껍질을 깨끗하게 벗긴 후 오징어의 안쪽에 0.3cm 간격으로 가로, 세로로 어슷하게 칼집을 넣고 가로 4cm, 세로 1.5cm 크기로 썬다. 오징어 다리도 4cm 크기로 자른다.
2. 양파는 0.5cm 두께로 썰고 풋고추, 홍고추도 0.5cm 두께로 어슷 썰어 씨를 털어낸다. 대파는 어슷하게 썬다.
3. 고추장에 간장, 고춧가루, 설탕, 다진 마늘, 생강, 깨소금, 후춧가루, 참기름을 섞어 양념장을 만든다.
4. 팬에 식용유를 두르고 다진 마늘을 조금만 덜어 볶은 후 양념장을 넣고 볶는다. 양념장이 약간 익으면 오징어를 넣고 볶다가 고추와 대파, 양파, 나머지의 다진 마늘을 넣고 어우러지게 볶아준다.
5. 마지막에 참기름을 약간 넣어 향과 윤기를 낸다.

주요 재료

재료 손질

Check Point

① 오징어는 가로, 세로로 어슷하게 칼집을 넣어 솔방울 모양으로 손질한다.
② 오징어는 익은 후, 말리는 방향을 생각하여 폭 쪽으로 길게 썬다.
③ 불이 세면 양념이 타기 쉽고, 너무 약하면 물이 생기므로 적당한 불에서 볶아주는 것이 좋다.

홍합초

요구사항

주어진 재료를 사용하여 다음과 같이 '홍합초'를 만드시오.

1. 마늘과 생강은 편으로 파는 2cm로 써시오.
2. 홍합은 전량 사용하고 촉촉하게 보이도록 국물을 끼얹어 제출하시오.
3. 잣가루를 고명으로 얹으시오.

조리상의 유의사항

1. 홍합을 깨끗이 손질하도록 한다.
2. 조려진 홍합이 너무 질기지 않도록 한다.

Memo

재료 및 분량

생홍합(굵고 싱싱한 것)	100g
대파 흰부분(4cm 정도)	1토막
깐마늘(중)	2쪽
생강	5g
진간장	40mL
백설탕	10g
참기름	5mL
검은 후춧가루	2g
깐잣	5개
A4 용지	1장

조리법

1. 생홍합은 큰 것을 골라 안쪽의 수염을 떼어 내고 옅은 소금물에 흔들어 씻은 후 끓는 물에 데쳐 낸다.
2. 마늘과 생강은 편으로 썰고 대파는 2cm 토막으로 썬다.
3. 냄비에 간장, 설탕, 물을 넣어 끓으면 데친 홍합을 넣고 파, 마늘, 생강, 후춧가루를 넣은 후 중불에서 서서히 조린다.
4. 국물이 거의 줄어들면 참기름을 버무려 윤기나게 조린다.
5. 그릇에 담아 조린 국물을 끼얹고 잣가루(잣소금)를 뿌린다.

주요 재료

재료 손질

Check Point

① 양념장에 은근히 조려야 식은 후에도 색이 곱고 밝게 조려진다.
② 파, 마늘, 생강은 너무 무르지 않게 하고 홍합은 딱딱하지 않게 한다.
③ 조린 국물이 1큰술 정도 남으면 불을 끄고 담아내어 국물을 끼얹어 준다.

겨자채

시험시간 35분

요구사항

주어진 재료를 사용하여 다음과 같이 '겨자채'를 만드시오.

1. 채소 · 편육 · 황백지단 · 배는 0.3cm × 1cm × 4cm로 써시오.
2. 밤은 재료의 모양대로 납작하게 써시오.
3. 겨자는 발효시켜 매운맛이 나도록 하여 간을 맞춘 후 재료를 무쳐서 담고 잣은 고명으로 올리시오.

조리상의 유의사항

- 채소는 싱싱하게 아삭거릴 수 있도록 준비한다.

Memo

재료 및 분량

양배추(길이 5cm)	50g
오이(20cm 정도)	⅓개
당근(7cm 정도)	50g
소고기(살코기)	50g
생밤(껍질 깐 것, 중)	2개
배(중, ⅛개)	50g
달걀	1개
잣	5개
겨자가루	6g
백설탕	20g
식초	10mL
소금(정제염)	5g
진간장	5mL
식용유	10mL

조리법

1. 소고기는 끓는 물에 덩어리째 삶아 잠시 식혀서 눌러둔다.
2. 편육이 식으면 폭과 길이가 0.3cm × 1cm × 4cm로 썬다.
3. 양배추, 오이, 당근, 배는 폭과 길이는 1cm × 4cm, 두께 0.3cm로 납작하게 썰어 물에 담갔다 건져서 싱싱하게 한다.
4. 달걀은 황백지단을 부쳐 채소와 같은 크기로 썬다.
5. 밤은 생긴 모양대로 납작하게 썰어 물에 씻어 건진다.
6. 잣은 고깔 부분을 떼어내고 깨끗이 손질하여 길이로 반을 갈라 비늘잣으로 만든다.
7. 겨자가루는 그릇에 담아 따뜻한 물을 약간 넣어 되직하게 개어서 더운 곳에 엎어 두었다가 매운맛이 나면 설탕, 소금, 식초, 간장 등을 넣어 개서 간을 맞추어 겨자장을 만든다.
8. 준비된 재료들을 차게 두었다가 물기를 닦고 내기 직전에 겨자장을 두 번에 나누어 넣고 버무린다.
9. 그릇에 색 맞추어 담고 고명으로 비늘잣을 올린다.

주요 재료

재료 손질

Check Point

① 채소는 싱싱하고 아삭한 맛을 얻을 수 있도록 일정한 크기로 썰어 물에 담가둔다.
② 소고기는 편육으로 익혀서 식은 후에 썰어야 부스러지지 않고 반듯한 모양이 난다.
③ 겨자가루는 40℃의 따뜻한 물에 개어서 따뜻한 곳에서 발효시킨다. 매운맛이 나면 설탕, 소금, 식초를 넣어 양념맛이 잘 혼합된 다음 사용한다.
④ 버무려 냈을 때 물이 생기지 않게 한다.

북어보푸라기

요구사항

주어진 재료를 사용하여 다음과 같이 '북어보푸라기'를 만드시오.

1. 북어보푸라기는 소금, 간장, 고춧가루로 양념하시오(단, 고추기름은 사용하지 마시오).
2. 북어보푸라기는 삼색의 구분이 뚜렷하게 하시오.

조리상의 유의사항

1. 보푸라기 상태는 일정하도록 한다.
2. 완성품은 양념으로 인하여 질지 않도록 유의한다.

Memo

재료 및 분량

북어포 40g (반을 갈라 말린 껍질이 있는 것) 1마리
소금(정제염) 5g
참기름 5mL
진간장 5mL
백설탕 10g
깨소금 5g
고운고춧가루 10g

조리법

❶ 북어는 머리를 떼고 껍질을 벗긴 다음 뼈와 가시를 발라내고 강판에 갈아 보푸라기로 만든다.

Tip 강판에 갈 때는 한 방향으로 가는 것이 좋다.

❷ 북어보푸라기를 먼저 참기름으로 버무린 후 3등분으로 나눈다.

❸ 간장, 소금, 고춧가루로 각각 색을 알맞게 낸 다음 깨소금과 설탕을 약간 넣고 무친다.

❹ 삼색의 북어 보푸라기를 한 접시에 보기 좋게 담는다.

주요 재료

재료 손질

Key Point

① 북어 삼색 보푸라기이므로 삼색의 구분이 뚜렷하게 양념을 무치고 세 가지의 양이 같도록 한다.
② 보푸라기는 물기없이 곱게 만들어야 하고 무칠 때 뭉치지 않도록 한다.
③ 고춧가루가 거칠면 고춧가루를 체에 내려 무쳐야 색이 곱다.

잡 채

요구사항

주어진 재료를 사용하여 다음과 같이 '잡채'를 만드시오.

1. 고기, 양파, 오이, 당근, 도라지, 표고버섯은 0.3cm × 0.3cm × 6cm로 써시오.
2. 숙주는 데치고 목이버섯은 찢어서 사용하시오.
3. 당면은 삶아서 유장처리하여 볶으시오.
4. 황백지단은 0.2cm × 0.2cm × 4cm로 썰어 고명으로 얹으시오.

조리상의 유의사항

1. 주어진 재료는 굵기와 길이가 일정하게 한다.
2. 당면은 알맞게 삶아서 간한다.
3. 모든 재료는 양과 색깔의 배합에 유의한다.

Memo

재료 및 분량

재료	분량
당면	20g
소고기(살코기)	30g
건표고버섯(지름 5cm 정도)	1개
건목이버섯(지름 5cm 정도)	2개
양파(150g 정도)	⅓개
오이(20cm 정도)	⅓개
당근(7cm 정도)	50g
통도라지(길이 2cm 정도)	1개
생숙주	20g
달걀	1개
식용유	50mL
진간장	20mL
백설탕	10g
대파 흰부분(4cm 정도)	1토막
깐마늘(중)	2쪽
깨소금	5g
검은 후춧가루	1g
소금(정제염)	15g

조리법

1. 오이는 6cm 길이로 자른 후 0.3cm 두께로 돌려깎아 채 썰어 소금을 뿌려 물기를 짜고, 당근도 같은 크기로 채 썬다.
2. 양파는 모양을 살려 채 썰고 도라지는 6cm 길이로 찢어서 소금으로 주물러 씻는다.
3. 숙주가 지급되면 거두절미하고 끓는 물에 데쳐 물기를 빼고 소금과 참기름으로 간한다.
4. 소고기는 결 방향으로 길이 6cm, 두께 0.3cm로 채 썰어 갖은 양념을 하고 표고버섯도 같은 크기로 채 썰어 양념한다. 목이버섯은 불려 씻은 후 적당한 크기로 찢어서 양념한다.
5. 달걀은 황백지단을 부쳐 폭과 길이는 0.2cm × 4cm, 두께는 0.2cm 크기로 채 썬다.
6. 당면은 끓는 물에 삶아 냉수에 헹구어 건져서 두세 번 잘라 간장, 설탕, 참기름으로 무쳐 놓는다.
7. 오이를 볶아 내고, 양파, 도라지, 당근 순으로 볶으면서 소금 간을 한다. 소고기와 표고버섯, 목이버섯을 볶은 후 당면도 볶는다.
8. 깨소금, 설탕, 참기름을 넣고 버무려 간을 맞춘다.
9. 접시에 잡채를 담고 채 썬 황백지단을 고명으로 얹는다.

주요 재료

재료 손질

Key Point

① 모든 채소는 길이와 굵기가 같도록 채 썬다. 특히 오이는 돌려깎아서 채 썬다.
② 채소를 깨끗한 것부터 순서대로 따로 볶아내어 넓게 펴서 한 김을 내보내고 식혀둔다.
③ 채소는 각각의 색이 변하지 않게 곱게 볶아서 보기 좋게 섞이도록 한다.
④ 당면은 삶기 전에 찬물에 담갔다가 투명해질 때까지 삶아 익힌다.

탕평채

시험시간 35분

요구사항

주어진 재료를 사용하여 다음과 같이 '탕평채'를 만드시오.

1. 청포묵은 0.4cm × 0.4cm × 6cm로 썰어 데쳐서 사용하시오.
2. 모든 부재료의 길이는 4~5cm로 써시오.
3. 소고기, 미나리, 거두절미한 숙주는 각각 조리하여 청포묵과 함께 초간장으로 무쳐 담아내시오.
4. 황백지단은 4cm 길이로 채 썰고 김은 구워 부수어 고명으로 얹으시오.

조리상의 유의사항

- 숙주는 거두절미하고 미나리는 다듬어 데친다.

재료 및 분량

- 청포묵(중, 길이 6cm) 150g
- 생숙주 20g
- 미나리(줄기부분) 10g
- 소고기(살코기) 20g
- 달걀 1개
- 김 .... ¼장
- 진간장 20mL
- 백설탕 5g
- 깐마늘(중) 2쪽
- 대파 흰부분(4cm 정도) 1토막
- 참기름 5mL
- 검은 후춧가루 1g
- 깨소금 5g
- 소금(정제염) 5g
- 식용유 10mL
- 식초 5mL

조리법

1. 청포묵은 두께와 폭을 0.4cm × 0.4cm, 길이 6cm로 썬다. 청포묵이 딱딱하면 끓는 물에 살짝 데쳐 낸다. 청포묵채는 소금과 참기름으로 무쳐 놓는다.
2. 소고기는 4~5cm 길이로 가늘게 채 썰어 갖은 양념을 하여 물기없이 볶는다.
3. 미나리는 줄기만 다듬어 끓는 물에 소금을 약간 넣고 데쳐 내어 냉수에 헹군 다음 4~5cm 길이로 자른다.
4. 숙주는 거두절미하고 끓는 물에 소금을 약간 넣고 데쳐 내어 냉수에 헹군다.
5. 달걀은 황백으로 나누어 얇게 지단을 부쳐 4cm 길이로 가늘게 채 썰고 김은 구워서 부순다.
6. 청포묵, 소고기, 숙주, 미나리를 합하여 초간장으로 무쳐서 그릇에 담고 그 위에 김과 채 썬 황백지단을 고명으로 얹는다.

주요 재료

재료 손질

Check Point

① 청포묵이 딱딱하게 굳어 있으면 끓는 물에 데쳐 부드러운 상태로 해야 양념이 잘 배고 먹기도 좋다.
② 청포묵을 썰 때 칼날에 물을 묻혀서 썰면 일정한 크기로 썰기가 좋다.
③ 청포묵 채는 무칠 때 부스러지지 않도록 살살 다룬다.
④ 김이 물에 젖지 않도록 잘 보관하여 바삭하게 사용한다.

미나리강회

시험시간 35분

요구사항

주어진 재료를 사용하여 다음과 같이 '미나리강회'를 만드시오.

1. 강회의 폭은 1.5cm, 길이는 5cm 정도로 하시오.
2. 붉은 고추의 폭은 0.5cm, 길이는 4cm로 하시오.
3. 강회는 8개 만들어 초고추장과 함께 제출하시오.

조리상의 유의사항

1. 각각의 재료 크기를 같게 한다.(붉은 고추의 폭은 제외)
2. 색깔은 조화있게 만든다.

Memo

재료 및 분량

재료	분량
미나리(줄기부분)	30g
소고기(살코기)	80g
붉은고추(생)	1개
달걀	2개
고추장	15g
식초	5mL
백설탕	5g
소금(정제염)	5g
식용유	10mL

조리법

❶ 미나리는 잎을 떼고 다듬어서 끓는 물에 소금을 약간 넣고 살짝 데쳐 찬물에 헹궈서 물기를 꼭 짠다.

❷ 붉은 고추는 반으로 갈라 씨를 제거하고, 폭 0.5cm, 길이 4cm 크기로 썬다.

❸ 소고기는 삶아 편육을 만들어 폭 1.5cm, 길이 5cm, 두께 0.3cm 크기로 썬다.

❹ 달걀은 황백으로 나누어 두께 0.3cm로 지단을 부쳐 폭 1.5cm, 길이 5cm로 썬다.

❺ 편육, 황백지단, 붉은 고추를 차례로 쌓아 가지런히 잡고 미나리 한 가닥으로 감아 뒤편에서 마무리한다.

❻ 고추장에 식초, 설탕, 물을 넣고 잘 섞어 덩어리 없이 초고추장을 만들어 곁들인다.

주요 재료

재료 손질

Check Point

① 소고기는 편육으로 삶아 식은 후에 부서지지 않도록 썬다.

② 미나리는 달걀지단, 편육, 붉은 고추 등 재료의 가운데를 감는다.

③ 미나리로 감을 때 너무 당겨서 붉은 고추가 휘어지지 않도록 한다.

④ 미나리 대신 실파로 만든 것을 파강회라고 한다.

육 회

시험시간 20분

요구사항

주어진 재료를 사용하여 다음과 같이 '육회'를 만드시오.

1. 소고기는 0.3cm×0.3cm×6cm로 썰어 소금양념으로 하시오.
2. 마늘은 편으로 썰어 장식하고 잣가루를 고명으로 얹으시오.
3. 70g 이상의 완성된 육회를 제출하시오.

조리상의 유의사항

1. 소고기의 채를 고르게 썬다.
2. 배와 양념한 소고기의 변색에 유의한다.

Memo

재료 및 분량

소고기(살코기)	90g
배(중)	¼개
깐잣	5개
A4용지	1장
소금(정제염)	5g
백설탕	30g
대파 흰부분(4cm 정도)	2토막
깐마늘(중)	3쪽
깨소금	5g
참기름	10mL
검은 후춧가루	2g

조리법

1. 기름기 없는 살코기를 얇게 저며 결 반대 방향으로 두께와 폭을 0.3cm로 채 썬 다음 양념장에 무친다. 보통 고기 양념보다 마늘과 참기름을 많이 쓴다.
2. 잣은 보슬보슬하게 다진다.
3. 배는 껍질을 벗겨 반으로 잘라 채 썰어 자른 면이 접시 바깥쪽으로 가도록 돌려 담고 그 위에 육회를 얹는다.
4. 편으로 썬 마늘을 고기에 기대어 돌려 담고 위에 잣가루를 뿌린다.

주요 재료

재료 손질

Check Point

① 육회는 날것으로 먹는 음식이므로 특히 도마, 칼 등의 조리 기구를 깨끗이 하도록 위생에 유의한다.
② 고기는 핏물을 완전히 없애고 깨끗이 손질하여 결 반대 방향으로 부드럽게 썬다.
③ 배는 채 썰어 두면 갈변되므로 설탕물 또는 소금물에 담갔다가 건져 물기를 뺀 후 사용한다.
④ 소고기는 곱게 채 썰어 양념에 무칠 때 마늘을 곱게 다져서 설탕, 참기름을 넉넉히 넣고 무쳐야 부드럽고 연하다.
⑤ 고기의 핏물이 배에 배지 않도록 접시에 배를 먼저 담고 내기 직전에 고기를 얹는다.

무숙장아찌

시험시간 25분

요구사항

주어진 재료를 사용하여 다음과 같이 '무숙장아찌'를 만드시오.

1. 무는 0.6cm × 0.6cm × 5cm로 써시오.
2. 소고기는 0.3cm × 0.3cm × 4cm로 써시오.
3. 미나리는 4cm로 써시오.
4. 무숙장아찌는 무의 색이 지나치게 검어지지 않도록 하여 80g 이상 제출하시오.

조리상의 유의사항

1. 무의 크기는 일정하게 썬다.
2. 각 재료의 볶는 순서에 유의하며 함께 볶아 낸다.

Memo

재료 및 분량

재료	분량
무	120g
간장	2큰술
미나리(줄기부분)	20g
대파 흰부분(4cm 정도)	1토막
깐마늘(중)	1쪽
소고기(살코기)	30g
실고추	1g
식용유	30mL
진간장	50mL
백설탕	5g
깨소금	5g
참기름	5mL
검은 후춧가루	1g

조리법

1. 무는 폭과 두께가 0.6cm × 0.6cm, 길이는 5cm 크기로 썰어 진간장에 절여 간장물이 곱게 들면 건져서 짠다.
2. 싱거워진 간장물을 끓여서 반 분량으로 졸여지면 식혀서 다시 무에 부었다가 조금 후에 꼭 짠다.
3. 미나리는 줄기만 다듬어 4cm 길이로 썬다.
4. 소고기는 폭과 두께는 0.3cm × 0.3cm, 길이는 4cm 크기로 채 썰어 양념장에 무쳐 놓는다.
5. 팬에 식용유를 두르고 소고기를 볶다가 절였던 무를 넣고 센불에서 빨리 볶으면서 미나리를 넣고 몇 번 저어 불을 끄고 설탕, 깨소금, 참기름으로 간을 맞춘 다음 실고추를 넣어 버무려 접시에 담아낸다.

주요 재료

재료 손질

Check Point

① 무의 색깔이 검어지지 않도록 주의한다.
② 각 재료의 볶는 순서에 주의한다.
③ 숙장아찌는 갑장과로서 소고기, 버섯 등의 재료와 함께 기름에 볶아낸 장아찌이다.

오이숙장아찌

시험시간 25분

요구사항

주어진 재료를 사용하여 다음과 같이 '오이숙장아찌'를 만드시오.

1. 오이는 0.5cm × 0.5cm × 5cm 정도, 소고기는 0.3cm × 0.3cm × 4cm 정도, 표고버섯은 0.3cm 정도 크기의 폭으로 써시오.
2. 오이, 소고기, 표고버섯은 각각 조리하여 함께 무쳐 50g 이상 제출하시오.

조리상의 유의사항

1. 조리된 오이의 색깔에 유의하며 무쳐진 상태가 깨끗하게 되도록 한다.

Memo

재료 및 분량

오이(가늘고 곧은 것, 20cm 정도) ..... ½개
소고기(살코기) 30g
건표고버섯(5cm 정도, 물에 불린 것) 1개
대파 흰부분(4cm 정도) 1토막
깐마늘(중) 1쪽
식용유 30mL
소금(정제염) 5g
실고추(길이 10cm, 1~2줄기) 1g
진간장 20mL
백설탕 5g
깨소금 5g
참기름 5mL
검은 후춧가루 1g

조리법

1. 오이는 폭과 두께는 0.5cm × 0.5cm, 길이 5cm의 크기로 나무젓가락 모양으로 썰어 소금에 절였다가 냉수에 헹구어 물기를 뺀다.
2. 소고기의 폭과 두께는 0.3cm × 0.3cm, 길이 4cm로 채 썰어 양념한다.
3. 표고버섯은 물에 불려 폭은 0.3cm, 길이 4cm로 채 썰어 양념한다.
4. 실고추는 3cm 길이로 자른다.
5. 팬에 식용유 두르고 오이, 표고버섯, 소고기의 순으로 각각 볶아내어 펴서 식힌다.
6. 각각 볶아놓은 소고기, 표고버섯, 오이에 실고추, 깨소금, 참기름을 넣어 가볍게 버무려 낸다.

주요 재료

재료 손질

Check Point

① 오이, 표고버섯, 소고기의 순으로 따로 볶아서 식은 후에 무쳐야 색깔이 곱다.
② 재료를 센불에서 살짝 볶아야 아삭한 맛을 살릴 수 있고 색깔이 곱다.
③ 오이숙장아찌는 재료를 각각 조리하여 함께 버무리는 방법으로 만든다.

보쌈김치

시험시간 35분

요구사항

주어진 재료를 사용하여 다음과 같이 '보쌈김치'를 만드시오.

1. 무 · 배추는 나박 썰기(0.3cm × 3cm × 3cm 정도), 배 · 밤은 편 썰기, 미나리 · 갓 · 파 · 낙지는 3cm로 썰어 굴 · 마늘채 · 생강채와 함께 김치 속으로 사용하시오.
2. 그릇 바닥을 배추로 덮은 후, 내용물을 담고 배춧잎의 끝을 바깥쪽으로 모양있게 접어 넣어 내용물이 보이도록 하여 제출하시오.
3. 석이, 대추, 잣은 고명으로 얹으시오.
4. 보쌈김치에 국물을 만들어 부으시오.

조리상의 유의사항

1. 내용물의 배합 비율이 적절하게 되도록 한다.
2. 김치를 버무리는 순서와 양념의 분량에 유의한다.

재료 및 분량

재료	분량
절인 배추(1/6 포기)	500g
무	50g
밤(중, 생것, 껍질 깐 것)	1개
배(중, 1/10개)	30g
미나리(줄기 부분)	30g
실파(1뿌리)	20g
갓(또는 적겨자)	20g
생굴(깐 것)	20g
낙지다리(1개 정도, 해동지급)	50g
마른대추	1개
석이버섯(마른 것)	5g
잣	5개
소금(정제염)	5g
깐마늘	2쪽
생강	5g
고춧가루	20g
새우젓	20g

주요 재료

재료 손질

조리법

❶ 배추는 소금에 절여서 깨끗이 씻어 줄기의 1/3만 자르고 잎 부위를 포함한 나머지 부위는 보쌈용으로 준비한다.

❷ 자른 배추 줄기 부분은 길이와 폭은 3cm × 3cm, 두께는 0.3cm 크기로 썬다.

❸ 무도 배추와 같이 길이와 폭은 3cm × 3cm, 두께는 0.3cm 크기로 썰어 소금에 절인다.

❹ 실파, 미나리, 갓은 깨끗이 씻어 3cm 길이로 자른다. 배는 껍질과 씨를 제거하고 길이와 폭은 3cm × 3cm, 두께는 0.3cm 크기로 썬다.

❺ 밤은 모양대로 편으로 썰고, 대추는 돌려깎아서 씨를 제거하고 곱게 채 썬다. 잣은 고깔을 뗀다.

❻ 굴은 껍질을 제거하고 옅은 소금물에 흔들어 씻어서 건져두고 낙지다리는 소금으로 문질러 씻어 3cm 길이로 썬다.

❼ 석이버섯은 뜨거운 물에 불려 이끼와 뿌리를 제거한 후 곱게 채 썬다.

❽ 마늘과 생강은 채 썰어 고춧가루, 새우젓과 함께 고루 섞어 양념을 만든다.

❾ 절인 무는 물기를 빼고 썰어둔 배추줄기와 함께 고춧가루 물을 들이고, 잣·석이·대추를 제외한 실파·미나리·갓에 양념을 넣고 고루 버무리다가 마지막에 해물·밤·배를 넣고 고루 버무린다.

❿ 김치보시기의 가장자리에 절인 배춧잎을 펼쳐 돌려 담고 김치 속 버무린 것을 소복하게 채운 다음, 그 위에 석이채·대추채·잣을 고명으로 얹는다.

⓫ 보쌈김치(크기 : 지름 12cm, 높이 4cm 정도)는 재료를 쌌던 배춧잎의 끝을 바깥쪽으로 모양있게 접어 넣어 내용물이 보이도록 한다.

⓬ 소를 버무렸던 그릇에 물을 부어 새우젓국으로 간을 하고 보쌈김치가 절반 정도 잠기도록 국물을 김치 위에 부어준다.

Check Point

① 보쌈김치는 개성지방의 유명한 향토음식으로 맛과 영양이 우수할 뿐만 아니라 귀하고 화려한 음식이다.

② 2~3일 후 국물을 부을 때 양지머리 육수나 다시마, 북어 육수를 사용하고 새우젓국으로 간을 맞추기도 한다.

오이소박이

시험시간 20분

요구사항

주어진 재료를 사용하여 다음과 같이 '오이소박이'를 만드시오.

1. 오이는 6cm 길이로 3토막 내시오.
2. 오이에 3~4갈래 칼집을 넣을 때 양쪽 끝이 1cm 정도 남도록 하시오.
3. 소를 만들 때 부추의 길이는 0.5cm로 하시오.
4. 그릇에 묻은 양념을 이용하여 김칫국을 만들어 소박이 위에 부으시오.

조리상의 유의사항

- 절여진 오이와 소의 간을 잘 맞춘다.

Memo

재료 및 분량

오이 (가는 것 20cm 정도) ... 1개
소금(정제염) 15g
부추 20g
대파 흰부분(4cm 정도) 1토막
깐마늘(중) 1쪽
생강 5g
고춧가루 10g

조리법

❶ 오이는 통째로 소금으로 문질러 깨끗이 씻은 후 6cm 길이로 토막 내어 1cm씩 양끝을 남기고 오이 속이 열십자가 되도록 칼집을 넣어 소금물에 절인다.
❷ 파, 마늘, 생강은 곱게 다지고 부추는 0.5cm 길이로 썬다.
❸ 고춧가루에 물을 약간 넣고 고춧가루를 불린 다음 소금, 파, 마늘, 생강을 넣어 잘 버무린 후 부추를 넣고 김치소를 만든다.
❹ 절여진 오이는 물기를 꼭 짜고 칼집 사이에 준비한 소를 고루 넣는다.
❺ 그릇에 담고 소를 버무린 그릇에 물을 2큰술 부어 김칫국물을 만들어 오이소박이 위에 붓는다.

주요 재료

재료 손질

Check Point

① 오이의 굵기에 따라 칼집을 세 갈래 또는 네 갈래로 넣는다.
② 오이에 소금물 간을 세게 하고 짜면 물에 씻는다.
③ 오이를 소금에 잘 절여야 소를 넣을 때 끝이 갈라지지 않는다.
④ 오이소박이는 소금 간을 쓰며 젓국은 잘 사용하지 않는다.

매작과

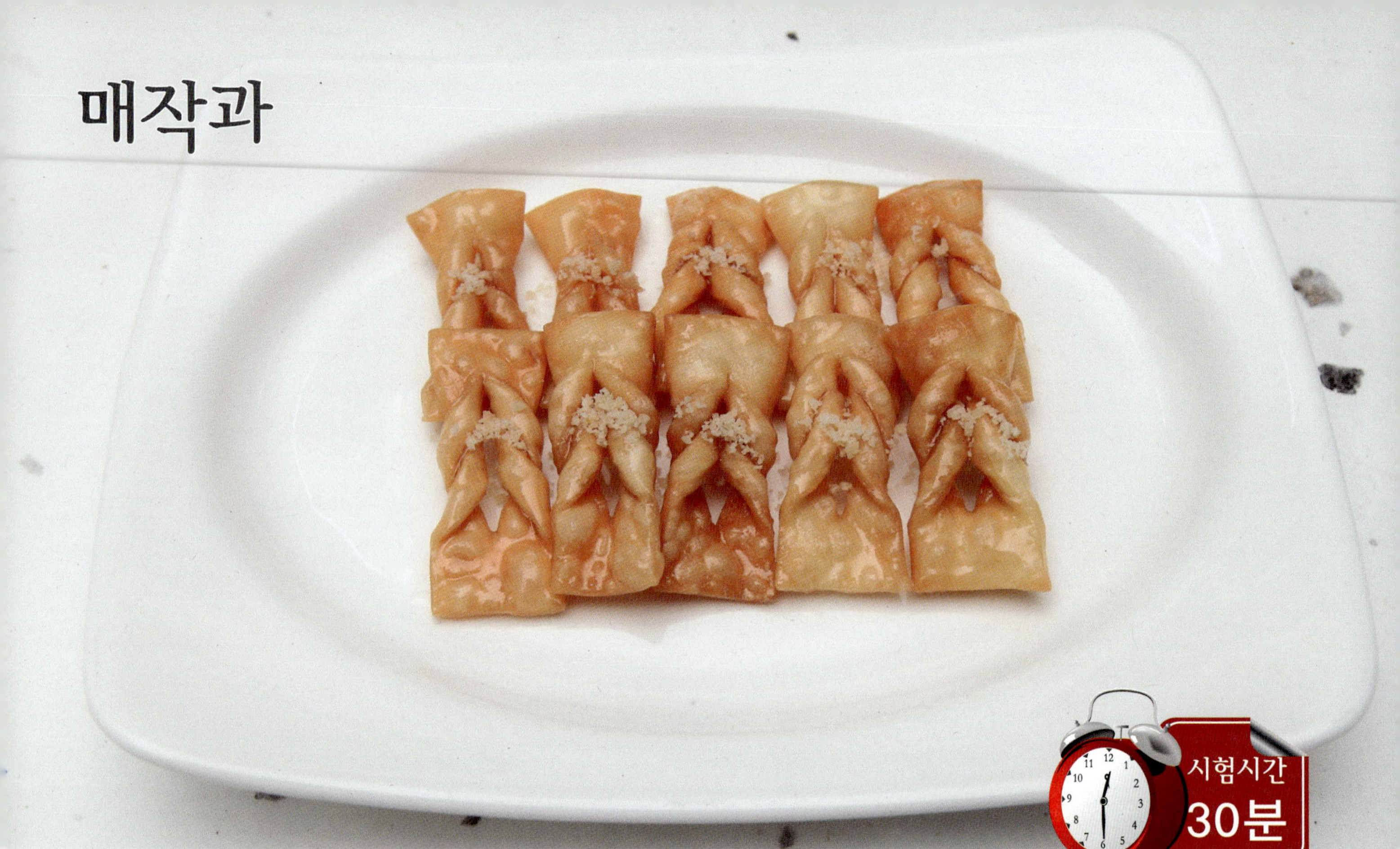

시험시간 30분

요구사항

주어진 재료를 사용하여 다음과 같이 '매작과'를 만드시오.

1. 매작과는 크기가 균일하게 2cm × 5cm × 0.3cm 정도로 만드시오.
2. 매작과 모양은 중앙에 세 군데 칼집을 넣어 모양을 내시오.
3. 시럽을 사용하고 잣가루를 뿌려 10개를 제출하시오.

조리상의 유의사항

1. 밀가루 반죽 상태에 유의한다.
2. 매작과를 튀기기할 때 기름 온도에 주의한다.

Memo

재료 및 분량

재료	분량
밀가루(중력분)	50g
생강	10g
소금(정제염)	5g
잣	5개
식용유	300mL
A4용지	1장
백설탕	40g

조리법

❶ 밀가루는 체에 내리고 생강은 다져서 즙을 낸 후, 잣은 다져서 잣가루를 낸다.

❷ 밀가루에 소금, 물(2~3큰술), 생강즙을 넣고 말랑하게 반죽해 둔다.

❸ 반죽한 밀가루를 0.2cm 두께로 얇게 밀어 2cm × 5cm 크기로 잘라 내 천(川)자 모양으로 세 군데 칼집을 넣고 가운데 칼집으로 한쪽 끝을 넣어 뒤집는다.

❹ 물과 설탕을 같은 비율로 해서 젓지 않고 천천히 끓여서 설탕시럽을 만든다. 중간불에서 반 분량이 될 때까지 조린다.

❺ 튀김 팬에 기름을 넣고 기름의 온도가 150~160°C 정도가 되면 매작과를 넣어 옅은 갈색으로 튀긴 후 설탕시럽에 담갔다 꺼낸다.

❻ 접시에 매작과를 모양있게 담고 잣가루를 솔솔 뿌린다.

주요 재료

재료 손질

Check Point

① 밀가루는 체에 내려 사용하고 밀가루 반죽은 마르지 않게 두었다가 얇게 민다.

② 시럽을 만들 때는 설탕과 물의 비율을 1 : 1로 하고 계핏가루를 넣어 만든다. 시럽을 끓이는 도중에 저으면 다시 결정으로 되돌아가므로 주의한다.

③ 매작과는 150~160℃의 깨끗한 기름에서 옅은 갈색으로 잠깐 튀겨 낸다.

배숙

요구사항

주어진 재료를 사용하여 다음과 같이 '배숙'을 만드시오.

1. 배의 모양과 크기는 일정하게 하여 3쪽 이상을 만들고, 등쪽에 통후추를 일정하게 박으시오. (단, 지급된 배의 크기에 따라 완성품을 적당한 모양으로 만든다)
2. 배가 국물에 떠 있는 농도로 하시오.

조리상의 유의사항

- 배숙의 모양과 크기는 일정하게 만들고 알맞게 익힌다.

Memo

재료 및 분량

배(중)	¼개
통후추	15개
생강	30g
황설탕	30g
백설탕	20g
잣	3개

조리법

1. 생강은 껍질을 깨끗이 벗겨서 얇게 저며 물을 붓고 끓여서 생강의 향과 색이 알맞게 우러나게 한다.
2. 배는 3~4등분하여 껍질을 깨끗이 벗기고 씨를 도려낸 후 모서리를 다듬는다. 색이 변하지 않도록 설탕물에 담근다.
3. 준비한 배의 등쪽에 통후추가 빠지지 않도록 3개씩 깊숙이 박는다.
4. 생강물이 우러나면 면보에 받쳐 냄비에 담는다.
5. 분량의 황설탕과 배를 넣어 서서히 끓인다.
6. 잣은 고깔을 떼고 면보로 깨끗이 닦는다.
7. 배가 투명하게 익으면 식혀서 생강국물과 같이 그릇에 담고 잣을 띄운다.

주요 재료

재료 손질

Check Point

① 배는 껍질을 깨끗이 벗기고 모양과 크기가 일정하게 하며 각진 부분은 다듬는다.
② 통후추는 크기가 일정한 것으로 배의 등쪽에 빠지지 않도록 깊숙이 박아야 한다.
③ 생강국물은 생강 향과 색이 조화되어야 한다.
④ 물과 설탕의 비율이 맞지 않으면 배가 뜨지 않으므로 설탕의 농도에 주의한다. 즉 생강국물의 당도가 알맞도록 한다.

화 전

요구사항

주어진 재료를 사용하여 다음과 같이 '화전'을 만드시오.

1. 화전의 직경은 5cm, 두께는 0.4cm로 만드시오.
2. 시럽을 사용하고 화전 5개를 제출하시오.

조리상의 유의사항

1. 화전의 크기와 두께를 일정하게 한다.
2. 꽃 모양이 잘 붙어 있어야 한다.

Memo

재료 및 분량

젖은 찹쌀가루(불려서 빻은 것) 100g
소금(정제염) 5g
마른대추(중) 1개
쑥갓 10g
식용유 10mL
백설탕 40g

조리법

1. 찹쌀가루를 뜨거운 물로 익반죽(찹쌀가루 1컵, 물 2큰술)하여 잘 치댄 후 젖은 면보로 덮어둔다.
2. 대추는 씨를 발라내어 모양나게 썰고 쑥갓은 잎을 떼어 놓는다.
3. 찹쌀가루 반죽을 떼어 직경 5cm, 두께 0.4cm의 둥글납작한 모양으로 빚는다.
4. 시럽은 설탕과 물을 동량의 비율로 해서 중불에서 색깔이 나지 않도록 서서히 끓여 반 분량이 될 때까지 조린다.
5. 팬에 식용유를 두르고 약한불에서 밑면을 지진 후 뒤집어서 대추와 쑥갓으로 꽃 모양을 낸다.
6. 꽃 모양을 낸 면을 그대로 두고 충분히 익힌다. 익으면 약간 부풀어 올랐다가 가라앉는다.
7. 접시에 화전을 담고 화전 위에 시럽을 뿌려낸다.

주요 재료

재료 손질

Check Point

① 화전 1개는 찹쌀가루 2큰술 분량이 적당하다.
② 찹쌀가루는 익반죽하여 끈기있게 치댄다.
③ 화전이 타지 않고 익도록 약한불에서 천천히 익힌다.
④ 시럽을 만들 때 설탕과 물의 비율은 1 : 1이 적당하고, 시럽은 끓이는 도중 저으면 다시 결정으로 되돌아가므로 주의한다.

소고기전골

시험시간 30분

요구사항

주어진 재료를 사용하여 다음과 같이 '소고기전골'을 만드시오.

1. 소고기는 육수와 전골용으로 사용하시오
2. 전골용 소고기는 0.5cm×0.5cm×5cm 정도 크기로 썰어 양념하여 사용하시오.
3. 양파는 0.5cm 정도 폭으로, 실파는 5cm 정도 길이로, 나머지 채소는 0.5cm×0.5cm×5cm 정도 크기로 채 썰고, 숙주는 거두절미한 후 데쳐서 양념하시오.
4. 모든 재료를 돌려 담아 소고기를 중앙에 놓고 육수를 부어 끓인 후 달걀을 올려 반숙이 되게 끓여 잣을 얹어내시오.

조리상의 유의사항

1. 소고기는 핏물 제거를 잘하여야 한다.
2. 표고버섯은 불려 사용하고 숙주는 많이 데치지 않으며 채소가 잘 익도록 유의한다.

재료 및 분량

- 소고기(살코기) 70g
- 소고기(사태부위) 30g
- 건표고버섯(불린 것) 3장
- 숙주(생것) 50g
- 무(길이 5cm 정도) 60g
- 당근(길이 5cm 정도) 40g
- 양파(중, 150g 정도) .... ¼개
- 실파(2뿌리) 40g
- 달걀 1개
- 잣 10알
- 대파 흰부분(4cm 정도) 1토막
- 마늘 2쪽
- 진간장 10mL
- 백설탕 5g
- 깨소금 5g
- 참기름 5mL
- 소금 10g
- 검은 후춧가루 1g

조리법

1. 육수용 소고기는 대파, 마늘을 넣고 끓여 면보에 걸러 간장과 소금으로 색과 간을 맞춘다.
2. 소고기 살코기는 0.5cm×0.5cm×5cm 크기로 썰어 고기 양념 한다.
3. 양파는 0.5cm 폭으로, 실파는 5cm 길이로 썬다.
4. 표고버섯, 무, 당근도 0.5cm×0.5cm×5cm 크기로 썰고 무, 당근은 데쳐준다.
5. 숙주는 머리와 꼬리를 따고 데쳐서 소금과 참기름으로 양념 한다.
6. 달걀은 오목한 그릇에 깨어 놓는다.
7. 전골냄비(지름 20cm)에 모든 재료를 돌려 담고, 소고기를 중앙에 놓고 ❶의 육수를 부어 끓인 후, 달걀을 올려 반숙이 되게 끓여 잣을 얹어낸다.

주요 재료

재료 손질

Check Point

두부전골

시험시간 40분

요구사항

주어진 재료를 사용하여 다음과 같이 '두부전골'을 만드시오.

1. 두부의 길이는 3cm×4cm×0.8cm 정도 크기 7개를 녹말을 무쳐 지져서 전량 사용하시오.
2. 소고기는 육수와 완자용으로 나누어 사용하고 완자는 두부와 소고기를 섞어 지름 1.5cm 정도 크기로 5개 만들어 지져서 사용하시오.
3. 달걀은 황 · 백지단으로 5cm×1.2cm 정도 크기로 써시오.
4. 채소는 5cm×1.2cm×0.5cm 정도로 썸어 사용하고, 무 · 당근은 데치고 거두절미한 숙주는 데쳐서 양념하시오.
5. 재료를 색 맞추어 돌려 담고 가운데에 두부를 돌려 담아 완자를 중앙에 놓고 육수를 부어 끓여내시오.

조리상의 유의사항

재료 및 분량

- 두부 200g
- 소고기(살코기) 30g
- 소고기(사태부위) 20g
- 무(길이 5cm 정도) 50g
- 당근(길이 5cm 정도) 50g
- 실파(중) 2뿌리
- 숙주(생것) 50g
- 건표고버섯(불린것) 2개
- 달걀 2개
- 마늘(중, 깐것) 3쪽
- 대파 흰부분(4cm 정도) 1토막
- 진간장 20mL
- 소금 5g
- 참기름 5mL
- 식용유 20mL
- 밀가루(중력분) 20g
- 녹말가루(감자전분) 20g
- 검은 후춧가루 2g
- 깨소금 5g
- 키친타올(종이, 주방용 소 18×20cm) 1장

조리법

1. 육수용 소고기는 대파, 마늘을 넣고 끓여 면보에 걸러 간장과 소금으로 색과 간을 맞춘다.
2. 두부는 3cm×4cm×0.8cm 크기로 7개를 소금과 후춧가루를 뿌리고 물기를 닦은 다음, 녹말가루를 고루 묻혀 팬에 노릇하게 지진다.
3. 소고기 살코기는 곱게 다지고 두부도 물기를 짜고 곱게 으깨어 합쳐 양념하여 1.5cm 크기의 완자를 빚은 후 밀가루 달걀물을 입혀 식용유를 두른 팬에서 익힌다.
4. 달걀은 황백지단을 부쳐 5cm×1.2cm×0.5cm 크기로 썬다.
5. 무, 당근은 5cm×1.2cm×0.5cm 크기로 썰어 데치고 숙주는 머리와 꼬리를 따고 데친 다음 소금, 참기름으로 양념한다.
6. 실파는 5cm 길이로 썰고, 표고버섯은 5×1.2×0.5cm 썰어 간장, 설탕, 참기름으로 양념한다.
7. 전골냄비(지름 20cm)에 모든 재료를 색 맞추어 돌려 담고 가운데 두부를 돌려 담아 완자를 중앙에 놓고 ❶의 육수를 부어 끓여낸다.

주요 재료

재료 손질

Check Point

....

....

....

채소튀김

시험시간 20분

요구사항

주어진 재료를 사용하여 다음과 같이 '채소튀김'을 만드시오.

1. 단호박은 길이로 잘라 씨와 속을 긁어내고 0.3cm 두께로 자르시오.
2. 고구마는 0.3cm 두께 원형으로 잘라 전분기를 제거하여 사용하시오.
3. 깻잎은 찬물에 담가 두었다가 물기를 제거하고 사용하시오.
4. 밀가루와 달걀을 섞어 반죽을 만들고 튀김은 각 3개씩 제출하시오.
5. 초간장에 잣가루를 뿌려 곁들여 내시오.

조리상의 유의사항

1. 튀긴 채소는 타거나 설익지 않도록 한다.
2. 튀김옷의 농도에 유의하여야 한다.

재료 및 분량

단호박(길이로 등분)....................100g
고구마(원형을 살려 등분) 30g
깻잎...3장
밀가루(박력분)............................100g
달걀...1개
식용류...500mL
진간장...10mL
백설탕..5g
식초...10mL
잣...2알
A4용지...1장
키친타올(18×20cm).......................2장

조리법

1. 깻잎은 깨끗이 씻어 찬물에 담가둔다.
2. 고구마는 씻어 0.3cm 두께 원형으로 3개를 썰어 찬물에 담가 전분기를 제거한다.
3. 단호박은 씨와 속을 도려내고 깨끗이 씻어 길이로 0.3cm 두께로 3개 썬다.
4. 깻잎과 고구마의 수분을 제거하고 단호박과 함께 밀가루를 묻힌다.
5. 잣은 종이를 깔고 잘게 다져 놓는다.
6. 볼에 물 1/2C, 전란 1/2개, 채에 친 밀가루 2/3C을 섞어 튀김 반죽을 한다.
7. 160~170° 의 기름에 ⑥의 튀김반죽을 입혀 고구마, 단호박, 깻잎 순서로 각각 3개씩 튀긴 후 키친 타월에 올려 기름을 제거한다.
8. 접시에 고구마, 단호박, 깻잎을 담고 초간장(간장 10mL, 식초 10mL, 설탕 5g)에 잣을 뿌려 곁들여 낸다.

주요 재료

재료 손질

Check Point

① 고구마의 전분기를 제거하고 깻잎은 싱싱하게 준비한다.
② 재료 준비를 한 후 튀김할 반죽을 만든다.
③ 김 반죽의 농도가 적당해야 한다.

재료썰기

시험시간 25분

요구사항

주어진 재료를 사용하여 다음과 같이 '재료썰기'를 하시오.

1. 무, 오이, 당근, 달걀지단을 '썰기' 하여 전량 제출하시오.
2. 무는 채썰기, 오이는 돌려깎기하여 채썰기, 당근은 골패썰기를 하시오,
3. 달걀은 흰자와 노른자를 분리하여 알끈과 거품을 제거하고 지단을 부쳐 완자(마름모꼴) 모양으로 각 10개를 썰고 나머지는 채썰기를 하시오.
4. 재료썰기의 크기는 다음과 같이 하시오.
   ① 채썰기 : 0.2cm×0.2cm×5cm
   ② 골패썰기 : 0.2cm×1.5cm×5cm
   ③ 마름모형 썰기 : 한 변의 길이가 1.5cm

조리상의 유의사항

재료 및 분량

- 무 100g
- 오이(길이 25cm 정도) 1/2개
- 당근(길이 6cm 정도) 1토막
- 달걀 3개
- 식용유 20mL
- 소금 10g

조리법

❶ 무는 깨끗이 세척하여 5cm 길이로 맞추어 썬 후 0.2cm 두께의 편으로 썰고 0.2cm로 채 썬다.

❷ 오이는 소금으로 문질러 씻어 5cm 길이로 맞추어 썬 후 0.2cm로 돌려깎기하여 0.2cm로 채 썬다.

❸ 당근은 5cm 길이로 맞추어 썬 후 1.5cm 폭으로 썰고 0.2cm 돌려깎기하여 0.2cm로 채 썬다.

❹ 달걀은 흰자와 노른자를 분리하여 알끈과 거품을 제거하고 0.2cm 두께의 지단을 부쳐 식혀 5cm 길이로 맞추어 썬 후 0.2cm 폭으로 채 썬다.

❺ 달걀은 흰자와 노른자를 분리하여 알끈과 거품을 제거하고 지단을 부쳐 식혀 1.5cm의 너비가 되도록 길이로 자른 후 한 면의 길이가 1.5cm가 되게 마름모형(황, 백 각 10개씩) 썰기를 한다.

❻ 무, 오이, 당근, 달걀지단 썬 것을 전량 한 접시에 보기 좋게 담아 완성한다.

주요 재료

Check Point

① 달걀지단 고유의 색을 유지하도록 불 조절에 유의한다.
② 요구사항에 유념하여 각 재료의 특징에 맞게 썬다.
③ 재료 전량을 썰어 제출한다.

Part Ⅲ

한식조리산업기사 및 기능장

호박죽/규아상/편수/어만두/애탕/해물된장국/명란찌개/갈비찜/대합찜
꽃게찜/죽순찜/두부선/호박눈썹나물/느타리버섯나물/삼색나물(무나물
시금치나물/고사리나물)/죽순채/월과채/어채/옥수수전/양파전/깻잎전
호박전/새우전/양동구리전/장떡/사슬적/오징어구이/뱅어포구이/감자조림
호두조림/연근조림/멸치조림/장조림/장산적/파강회/장김치/깍두기
도라지강정/매듭자반/삼색경단/오색 송편(흰/송기/녹차/오미자/치자)
삼란(조란/율란/생란)/섭산삼/곶감 수정과/오미자화채/두부된장찌개
삼계탕/통오이선/궁중식 호박선

호박죽

주요 재료

재료 및 분량

찹쌀가루	1컵
호박	500g
물	7컵
소금	적당량
설탕	적당량

조리법

1. 호박은 껍질을 벗겨 씨를 발라내고 물을 부어 푹 삶은 후 체에 내린다.
2. 냄비에 호박을 넣고 분량의 물을 넣어 끓이다가 물에 푼 찹쌀가루를 넣어 농도 있게 끓인 다음 설탕이나 소금을 넣는다.

규아상

주요 재료

재료 및 분량

재료	분량
밀가루	1컵
반죽물	4큰술
오이	½개
표고버섯	2개
소고기	50g
파	10g
마늘	5g
깨소금	적당량
간장	적당량
참기름	적당량
후춧가루	적당량
소금	적당량
잣	적당량

조리법

1. 밀가루를 되직하게 반죽하여 오래 치대어 비닐봉지에 넣어 잠시 둔다.
2. 오이는 채 썰어 소금에 절였다가 물기를 꼭 짠 다음 살짝 볶아 식힌다.
3. 소고기는 곱게 다지고, 표고는 물에 불려 곱게 채 썰어 고기와 같이 양념하여 볶는다.
4. 볶은 오이와 고기를 다진 파·마늘, 깨소금, 참기름, 후춧가루로 고루 버무려 만두소를 만든다.
5. 밀가루 반죽을 밤톨만큼씩 떼어서 밀대로 밀어 만두피를 만든다.
6. 만두피에 소와 잣을 넣어 해삼 모양으로 등에 주름을 만들어 가며 빚는다.
7. 찜통에 보를 깔고 만두를 찐다.

편수

주요 재료

재료 및 분량

애호박	½개
숙주	30g
표고	5개
소고기	150g
잣	10g
밀가루	10g
달걀	1개
대파	1개
마늘	1쪽
설탕	5g
간장	15mL
식용유	5mL
식초	5mL
소금	5g
깨소금	2g
참기름	5mL
검은 후춧가루	2g

고기양념

간장	3g
설탕	3g
다진 파	3g
다진 마늘	1g
참기름	약간
후춧가루	약간

초간장

식초	5g
간장	5g
설탕	3g

조리법

1. 밀가루에 소금물을 넣고 반죽하여 두었다가 얇게 밀어 사방 8cm 정도의 정사각형으로 만두피를 만든다.
2. 호박은 돌려깎기하여 채 썬 후 소금에 살짝 절여 수분을 제거하고 팬에 기름을 둘러 센불에 재빨리 볶아 접시에 펴서 식힌다.
3. 숙주는 씻어서 끓는물에 소금을 약간 넣어 데친 후 찬물에 헹구어 물기를 제거하고 송송 썬다.
4. 쇠고기는 반은 육수로 사용하고 반은 곱게 다져 양념하고, 표고버섯은 곱게 채 썰어 고기양념 후 팬에 볶아 식힌다.
5. 달걀은 황백지단을 부쳐 완자모양으로 썬다.
6. 익힌 채소와 고기를 섞어 소를 만든다.
7. 사각의 만두피를 도마 위에 펴고 소를 한 큰술 정도 가운데 놓고 잣을 한 알씩 얹은 다음 네 귀를 한데 모아서 맞닿는 자리를 마수 붙여서 네모지게 빚는다.
8. 끓는물에 편수를 넣어 삶아서 바로 찬물에 헹구어 건지거나 찜통에 넣어 찐다.
9. 익힌 편수를 찬 장국에 띄우고 지단고명을 얹어 초간장을 곁들인다.

어만두

주요 재료

재료 및 분량

흰살 생선(민어·광어·병어) .. 300g
고기 100g
두부 1모
숙주 50g
상추 .... 2~3잎
초간장 .... 적당량
녹말가루 .... 적당량

갖은 양념

다진 파 24g
다진 마늘 12g
깨소금 12g
참기름 12g
소금 6g

조리법

1. 흰살 생선을 가로 세로 7~8cm 정도로 얇고 판판하게 포를 떠서 소금과 참기름을 뿌려 양념해 놓는다.
2. 고기는 살코기로 곱게 다진다.
3. 두부를 으깨어 물기를 꼭 짜고, 숙주는 살짝 데쳐서 물기를 꼭 짠 다음 잘게 썬다.
4. 고기 다진 것에 두부, 숙주를 넣고 다진 마늘·파, 깨소금, 참기름, 소금, 후춧가루를 넣어 양념하여 만두소를 만든다.
5. 1의 생선살을 펴서 녹말가루를 뿌리고 4의 만두소를 알맞게 넣어 돌돌 말아 녹말가루를 묻힌다.
6. 찜통에 젖은 보를 깔고 5의 어만두를 넣어 찐다.
7. 그릇에 상추를 한 잎 깔고 어만두를 담은 다음 초간장을 곁들인다.

애탕

주요 재료

재료 및 분량

재료	분량
소고기	300g
어린 쑥	100g
두부	1모
달걀	2개
붉은고추	3개
육수	적당량
밀가루	적당량
갖은 양념	
다진 파	24g
다진 마늘	12g
소금	약간
후춧가루	약간
참기름	약간

조리법

1. 소고기를 곱게 다진다.
2. 어린 쑥을 다듬어 끓는물에 살짝 데쳐 물기를 꼭 짠 다음 곱게 다진다.
3. 두부를 으깨어 마른 행주에 싸서 물기를 꼭 짠다.
4. 붉은고추를 어슷하게 썰어 씨를 뺀다.
5. 달걀을 풀어 놓는다.
6. 다진 고기에 쑥·두부를 넣고, 다진 파·마늘, 소금, 후춧가루, 깨소금으로 갖은 양념을 하여 1.5cm 크기로 완자를 만들어 밀가루와 달걀물을 씌운다.
7. 냄비에 물을 붓고 북어나 멸치를 넣어 끓인다.
8. 북어 육수 또는 멸치 국물이 끓으면 건더기를 건져낸 다음 완자를 넣고 홍고추를 넣어 좀 더 끓이면서 소금으로 간을 맞춘다.

해물된장국

주요 재료

재료 및 분량

재료	분량
두부	⅛모
애호박	⅛개
바지락	5개
새우	5개
미더덕	8~10개
홍고추	1개
풋고추	2대
대파	½대
멸치	20g
물	4컵
된장	24g
고추장	5g
다진 마늘	5g
소금	약간

조리법

1. 두부를 길이 4cm, 폭 3cm, 두께 0.8cm로 썬다.
2. 애호박은 반으로 갈라 0.8cm 두께로 반달 썰기한다.
3. 해물들은 깨끗이 손질 후 준비해 둔다.
4. 붉은고추와 풋고추를 어슷 썬 다음 찬물에 헹구어 씨를 뺀다. 대파도 어슷 썬다.
5. 장국용 멸치는 머리와 내장을 떼어낸 다음 팬에 살짝 볶은 후, 분량의 끓는물에 넣고 10분 정도 끓여 건진다.
6. 위의 멸치장국에 된장과 고추장을 푼 다음 끓어오르면 해물, 애호박, 두부를 넣는다.
7. 해물과 애호박이 다 익으면 다진 마늘, 붉은고추, 풋고추, 대파를 넣고 끓인다. 모자란 간은 소금으로 맞춘다.

명란찌개

주요 재료

재료 및 분량

재료	분량
명란	100g
소고기	50g
두부	80g
무	50g
실파	2뿌리
새우젓	12g
소금	적당량
참기름	적당량
물	3컵
고기양념	
간장	3g
다진 파	5g
다진 마늘	3g
참기름	5g
소금·후춧가루	약간씩

조리법

1. 명란젓은 4cm로 자른다.
2. 소고기는 얇게 펴 썰어 놓는다.
3. 간장에 다진 파·마늘, 참기름, 소금, 후춧가루를 섞어 고기양념장을 만든다.
4. ②의 소고기를 양념장으로 버무려 참기름에 볶다가 물을 부어 끓인다.
5. 무, 두부는 3cm 크기로 납작하게 썬다.
6. 실파는 깨끗이 씻어 3cm 길이로 썬다.
7. ③의 국물에 무를 넣어 익으면 명란, 두부, 실파를 넣어 한소끔 끓이다가 새우젓과 소금으로 간을 한다.
8. 불을 끄고 참기름을 몇 방울 떨어뜨려 마무리한다.

갈비찜

주요 재료

재료 및 분량

재료	분량
갈비	5토막(300g)
배	¼개
청주	24g
설탕	12g
무	200g
당근	50g
표고버섯	2개
대추	2개
밤	3개
은행	5개
호두	3개
달걀	1개
갈비양념장	
간장	36g
다진 파	5g
다진 마늘	5g
설탕	18g
깨소금·후춧가루·참기름	약간씩

조리법

1. 갈비는 손질하여 찬물에 담가 핏물을 뺀 다음 토막을 쳐 기름을 발라내고, 한두 번 칼집을 넣어 배즙, 청주, 설탕에 재운다.
2. 무와 당근은 모양을 내어 살짝 삶고, 껍질을 벗긴 밤과 표고는 먹기 좋게 썬다.
   호두는 미지근한 물에 담가 불려 껍질을 벗기고, 은행은 볶아서 껍질을 벗긴다.
3. 불고기 양념장(간장, 파, 마늘, 설탕, 후춧가루, 참기름)을 만든다.
4. 재워둔 갈비를 냄비에 담고 물을 약간 부어 한소끔 끓인 다음 양념장 반을 붓고 뚜껑을 덮어 푹 익힌다.
5. 갈비가 익으면 나머지 양념장을 붓고 무, 당근, 밤, 표고를 넣어 뚜껑을 열고 서서히 윤기가 나도록 한다.
6. 갈비가 익어가면 은행, 대추를 넣고 다시 한 번 익힌 후 그릇에 보기 좋게 담는다.
7. 황백지단은 마름모꼴로 썰어 얹는다.

대합찜

주요 재료

재료 및 분량

재료	분량
대합	4개
소고기	50g
양파	½개
달걀	2개
깻잎	6장
상추·쑥갓	2잎
식용유	적당량
잣	5알
갖은 양념	
실파	2뿌리
다진 마늘	12g
다진 생강	5g
소금·후추·깨소금·참기름	약간씩

조리법

1. 대합은 소금물에 담갔다가 비벼서 해감을 한 다음 끓는 물에 살짝 데쳐서 살을 꺼내어 굵게 다져 놓는다.
2. 소고기는 살코기로만 곱게 다져 놓는다.
3. 양파는 곱게 다져서 소금에 살짝 절여 물기를 짜 놓는다.
4. 달걀은 미지근한 물에 소금을 약간 넣고 삶아 완숙하여 흰자는 다지고 노른자는 체에 내려 놓는다.
5. 깻잎은 물에 깨끗이 씻어 물기없이 다진다.
6. 다진 대합살과 소고기·양파를 넣고 갖은 양념으로 양념해 놓는다.
7. 대합 껍질은 깨끗이 씻어 물기없이 한 후 껍질에 참기름을 바르고 6의 재료를 담아 찜통에 찐다.
8. 접시에 상추잎을 깔고 대합찜을 담이 그 위에 달걀흰자·노른자, 깻잎으로 장식한 다음 중심에 쑥갓, 실고추, 잣을 얹는다.

꽃게찜

주요 재료

재료 및 분량

재료	분량
꽃게(□)	2마리
두부	40g
숙주	50g
소고기	80g
달걀	1개
마늘	2쪽
풋고추	2개
석이버섯	1장
소금·후추·참기름	적당량

조리법

1. 게는 솔로 깨끗이 닦아 손질하여 살을 발라 놓고 발은 떼어서 따로 준비한다.
2. 게딱지는 깨끗이 씻어 놓는다.
3. 두부는 가제에 싸서 물기를 꼭 짜 놓는다.
4. 숙주는 데쳐서 물기를 짠 후, 잘게 썬다.
5. 풋고추는 썰어 씨를 털어내고 다져 놓는다.
6. 석이버섯은 물에 불려 깨끗이 씻은 후 곱게 채 썰어 놓는다.
7. 달걀은 황백지단을 부쳐 채 썰어 놓는다.
8. 발라 놓은 게살에 두부, 숙주, 다진 쇠고기, 풋고추, 다진 마늘, 소금, 후추, 참기름을 넣어 골고루 버무려 양념한 후 달걀을 조금 섞어서 끈기있게 한다.
9. 게딱지에 양념한 ❽의 재료를 편편하게 꼭꼭 담는다.
10. 찜통에 ❾의 게를 넣고 찐 다음 꺼내서 위에 석이버섯, 황백지단을 고명으로 보기 좋게 얹는다.

죽순찜

주요 재료

재료 및 분량

재료	분량
죽순	100g
표고버섯	2개
소고기	50g
달걀	1개
실고추	적당량
석이버섯	적당량
양념장	
간장	12g
설탕	5g
다진 마늘·다진 파·참기름·후춧가루	적당량
조림장	
간장	12g
설탕	5g
물	1컵

조리법

1. 죽순은 길이로 반을 갈라 깨끗이 씻어 끓는물에 데쳐 찬물에 헹군다.
2. 죽순은 등쪽에 칼집을 어슷하게 넣는다.
3. 표고와 소고기는 3cm 정도 길이로 채 썰어 양념장에 버무려 볶는다.
4. 석이버섯은 불려 채 썰어 참기름, 소금을 넣고 살짝 볶는다.
5. 달걀은 흰자·노른자를 분리하여 지단을 부쳐 곱게 3cm 길이로 채 썬다.
6. 간장에 설탕, 물을 넣어 조림장을 만들어 죽순을 넣고 간이 배도록 조린다.
7. 죽순에 표고버섯, 소고기, 황백지단을 보기 좋게 끼우고 석이버섯과 실고추를 얹는다.

두부선

주요 재료

재료 및 분량

재료	분량
두부	½모
닭고기	60g
달걀	1개
석이버섯	1개
다진 파	36g
다진 마늘	12g
잣	12g
소금	18g
실파	적당량
실고추	적당량
후춧가루	적당량
참기름	적당량
깨소금	적당량
양념초간장	
간장	24g
식초	12g
잣가루	적당량

조리법

1. 두부는 으깨어 물기를 꼭 짠다.
2. 닭을 깨끗이 손질하여 뼈를 발라내고, 살만 곱게 다진다.
3. 석이버섯은 깨끗이 씻어 곱게 채 썰고, 실파도 가늘게 채 썰고 실고추는 짧게 잘라 놓는다.
4. 달걀은 흰자, 노른자로 나누어 각각 소금 간하여 지단을 부쳐 식으면 곱게 채 썬다.
5. 으깬 두부와 닭고기를 섞어 다진 파·마늘, 소금, 후춧가루, 깨소금, 참기름으로 양념하여 치댄다.
6. 도마에 5의 두부를 1cm 두께로 펴서 네모난 모양을 만든다.
7. 찜통에 젖은 보를 깔고 6의 두부에 고명을 올리고 김이 오를 때까지 찐다.
8. 두부가 식으면 2×2cm 크기로 자른다.
9. 간장에 식초와 잣가루를 섞어 초간장을 만들어 두부선에 곁들여 낸다.

호박눈썹나물

주요 재료

재료 및 분량

재료	분량
호박	½개
소고기	50g
간장	5g
다진 파	5g
다진 마늘	5g
깨소금	5g
참기름	5g
소금	적당량
실고추	적당량
후춧가루	적당량

조리법

1. 호박은 깨끗이 씻어서 길이로 반을 갈라 씨 있는 부분은 도려내고 2mm 두께로 썰어 소금에 살짝 절여 물기를 짠다.
2. 소고기는 살코기로 곱게 다진다.
3. 파, 마늘은 곱게 다진다.
4. 간장에 다진 파·마늘, 깨소금, 참기름, 후춧가루를 섞어 양념장을 만든다.
5. 다진 소고기에 4의 양념장을 넣어 무친다.
6. 냄비에 기름을 두르고 소고기를 볶다가 호박을 넣고 재빨리 저으면서 파랗게 볶아 소금, 깨소금, 참기름으로 양념한다.
7. 접시에 호박눈썹나물을 보기 좋게 담고 위에 실고추를 뿌려낸다.

느타리버섯나물

주요 재료

재료 및 분량

재료	분량
느타리버섯	100g
다진 파	5g
다진 마늘	3g
깨소금	3g
참기름	5g
소금	5g

조리법

1. 느타리버섯을 끓는물에 소금을 넣고 데친다.
2. 버섯이 데쳐지면 가늘게 찢어서 물기를 꼭 짠다.
3. 참기름과 소금으로 밑간을 한다.
4. 팬에 느타리버섯을 볶다가 다진 파, 다진 마늘을 넣고 익으면 깨소금을 뿌려 낸다.

삼색나물(무/시금치/고사리)

무나물

주요 재료

재료 및 분량

재료	분량
무	400g
양념	
소금	6g
다진 파	6g
다진 마늘	6g
생강즙	3g
참기름	5g
깨소금	5g
식용유	12g

조리법

1. 무는 깨끗이 씻어 길이는 6cm, 두께는 0.3cm로 채 썬다.
2. 파는 흰 부분만 다지고, 생강은 즙을 내고, 마늘은 곱게 다진다.
3. 냄비에 기름을 두르고 채 썬 무를 넣어 한참 볶다가, 물을 5큰술 정도 넣고 소금, 파, 마늘, 생강즙으로 양념하여 약한 불로 익힌다.
4. 참기름, 깨소금을 넣고 고루 섞어 그릇에 담는다.

시금치나물

주요 재료

재료 및 분량

시금치	300g
소금	약간
양념	
국간장	12g
다진 파	10g
다진 마늘	5g
참기름	5g
깨소금	5g

조리법

1. 시금치는 뿌리를 잘라내고 깨끗이 다듬어서 끓는물에 소금을 약간 넣고 데친다. 뚜껑을 연 채로 파랗게 데쳐 바로 찬물에 헹구어 건져서 물기를 짠다.
2. 물기 짠 시금치를 가지런히 하여 4cm 길이로 썬다.
3. 시금치 썬 것에 양념을 넣어 고루 무쳐서 그릇에 담는다. 위에 깨소금을 조금 뿌린다.

고사리나물

주요 재료

재료 및 분량

고사리(삶은 것)	300g
양념	
국간장	12g
다진 파	10g
다진 마늘	5g
물	5큰술
깨소금	5g
참기름	5g

조리법

1. 말린 고사리나 고비를 하룻밤 물에 불렸다가 충분히 연하게 될 때까지 삶아서 그대로 식힌다.
2. 삶은 고사리의 단단한 줄기부분을 잘라 내고 5cm 길이로 잘라 놓는다.
3. 고사리에 국간장, 다진 파, 다진 마늘을 넣어 무쳐 간이 들게 잠시 둔다.
4. 냄비를 달구어 기름을 두르고 고사리를 넣어 볶는다. 도중에 물 5큰술을 넣고 뚜껑을 덮어 약한불로 익힌다.
5. 국물이 조금 남을 정도가 되면 깨소금, 참기름을 넣어 고루 섞어 그릇에 담는다.

죽순채

주요 재료

재료 및 분량

재료	분량
죽순(중간 것)	2개
소고기	50g
표고버섯	2개
미나리	30g
숙주	30g
붉은고추	½개
달걀	1개
고기양념	
간장	12g
설탕	6g
다진 파	10g
다진 마늘	5g
참기름·깨소금·후춧가루	약간씩
초간장	
간장	5g
소금·깨소금	약간씩
설탕	10g
식초	12g

조리법

1. 죽순은 빗살무늬를 살려서 채 썰어 끓는 물에 데쳐 소금 간하여 살짝 볶는다.
2. 소고기는 채 썰고 표고버섯은 물에 불려 채 썰어 고기양념을 하여 팬에 볶는다.
3. 미나리는 데쳐 5cm 길이로 자르고, 숙주는 거두절미하여 끓는 물에 데친다.
4. 달걀은 황백지단을 부쳐서 5cm 길이로 채 썰고, 붉은고추도 채 썬다.
5. 죽순, 소고기, 표고버섯, 미나리, 숙주, 붉은고추채를 한데 넣어 초간장으로 고루 버무려 담은 다음 황백지단채를 고명으로 얹는다.

월과채

주요 재료

재료 및 분량

재료	분량
애호박	100g
소고기	50g
표고버섯	2개
느타리버섯	100g
붉은고추	½개
찹쌀가루	½컵
밀가루	36g
달걀	1개
잣가루	5g
고기·표고양념	
간장	6g
다진 파	5g
다진 마늘	3g
깨소금	5g
참기름	5g
후춧가루	약간

조리법

1. 애호박은 삼각 썰기로 씨를 제거하여 납작하게 썰어 소금에 절여 물기를 짠다.
2. 소고기는 다지고, 표고버섯은 물에 불려 물기를 없애고 채 썰어 양념을 한다.
3. 느타리버섯은 데쳐서 결대로 찢어 소금, 참기름으로 무친다.
4. 홍고추는 반으로 갈라 씨를 빼서 4cm 길이로 곱게 채 썬다.
5. 찹쌀가루와 밀가루를 섞어 밀전병을 4개 정도 부친 뒤 1.5cm × 4cm × 0.3cm 정도, 골패모양으로 썰어 놓는다.
6. 달걀은 흰자, 노른자로 나누어 지단을 부쳐 밀전병과 같은 크기로 썬다.
7. 모든 재료를 각각 볶아 식힌다.
8. 준비된 모든 재료를 고루 섞어 소금, 참기름으로 양념하고 그릇에 담아 잣가루를 뿌린다.

어채

주요 재료

재료 및 분량

재료	분량
민어(흰살 생선)	200g
소금	5g
흰 후춧가루	약간
생강즙	1g
오이	½개
붉은고추	½개
표고버섯	2장
석이버섯	2장
달걀	1개
녹말가루	36g
소금	약간
초고추장	
고추장	24g
식초	12g
설탕	5g
마늘즙	5g
잣가루	5g

조리법

1. 민어를 물이 좋은 것으로 골라서 비늘을 긁고 내장을 빼낸다. 세장뜨기를 한 다음 껍질을 벗기고 한입 크기로 저미고 소금을 뿌린다.
2. 달걀을 황백으로 나누어 풀어 도톰하게 지단을 부친 다음 폭 2cm, 길이 3cm로 썬다.
3. 오이와 붉은고추를 폭 2cm, 길이 3cm로 썬다. 표고버섯과 석이버섯을 불려서 손질한 다음 오이와 비슷한 크기로 썬다.
4. 냄비에 물을 넉넉히 붓고 끓인다. 준비한 채소에 녹말가루를 고루 묻혀 데친다. 생선도 마찬가지로 데친 다음 찬물에 재빨리 헹군다.
5. 접시에 채소와 생선살을 색깔을 맞춰 돌려 담는다.
6. 초고추장을 따로 작은 그릇에 담아 잣가루를 뿌려서 낸다.

옥수수전

주요 재료

재료 및 분량

재료	분량
옥수수(캔)	1컵
숙주	20g
고사리	20g
표고버섯	2개
붉은고추	1개
대파	⅓뿌리
밀가루	36g
소금	적당량
식용유	적당량

조리법

1. 옥수수는 물기를 없애고 곱게 다진다.
2. 숙주, 고사리는 데쳐서 물기를 꼭 짠 다음 다진다.
3. 표고버섯은 물에 불려 잘게 다진다.
4. 준비한 재료는 한데 섞고, 밀가루와 물을 넣어 걸쭉하게 반죽한다.
5. 홍고추, 대파는 채를 썰어 고명을 준비한다.
6. 달군 프라이팬에 식용유를 두르고 반죽한 것을 5cm 크기로 만들어 고명을 얹어 지진다.

양파전

주요 재료

재료 및 분량

재료	분량
양파	1개
소고기(살코기)	60g
두부	30g
밀가루	20g
달걀	1개
대파 흰부분(4cm 정도)	1토막
후춧가루	1g
참기름	5mL
소금	5g
깨소금	5g
마늘	1쪽
식용유	20mL
진간장	5mL
백설탕	5g
식초	5mL
초간장	
식초	5g
간장	5g
설탕	3g

조리법

1. 양파는 동그란 구멍이 생기게 측면으로 0.4cm 두께로 썰어, 소금을 뿌려 살짝 절인 후 물기를 닦아낸다.
2. 소고기는 곱게 다지고, 물기를 꼭 짠 두부와 같이 양념을 한다.
3. 양파 가운데 소고기를 채워 넣고 밀가루와 달걀물을 입혀 팬에 지져낸다.
4. 초간장을 곁들여 낸다.

깻잎전

주요 재료

재료 및 분량

재료	분량
깻잎	10장
두부	30g
소고기 간 것	60g
다진 파	24g
다진 마늘	12g
밀가루	½컵,
달걀	1개
소금·후춧가루·깨소금	적당량
참기름	적당량
식용유	적당량

조리법

1. 깻잎을 깨끗이 씻어 꼭지를 1cm만 남기고 자른다.
2. 쇠고기는 곱게 다진다.
3. 두부는 물기를 꼭 짜서 곱게 으깬다.
4. 쇠고기와 두부를 한데 넣고 다진 파·마늘, 소금, 후춧가루, 깨소금, 참기름으로 골고루 주물러 양념이 잘 배도록 한다.
5. 깻잎의 안쪽에 밀가루를 묻히고 ④의 속재료를 넣어 반으로 접어서 모양 낸다.
6. 프라이팬에 기름을 둘러 달궈지면 깻잎에 밀가루를 묻히고 달걀물을 적셔 앞뒤로 뒤집어 가면서 속이 완전히 익도록 지진다.
7. 접시에 보기 좋게 담아낸다.

호박전

주요 재료

재료 및 분량

조리법1

재료	분량
애호박(中)	1개
소금	적당량
밀가루	적당량
달걀	2개
풋고추	2개
붉은고추	2개
식용유	적당량

조리법2

재료	분량
애호박(中)	1개
소금	적당량
밀가루	적당량
달걀	2개
소고기	100g
두부	40g
다진 마늘	적당량
다진 파	적당량
소금·후추	적당량
참기름·식용유·초간장	적당량

조리법

조리법 1

1. 애호박을 0.5cm 두께로 둥글게 썰어 소금을 약간 뿌려 두었다가 물기를 뺀다.
2. 호박에 밀가루를 얇게 묻힌 다음 달걀물에 담갔다가 풋고추, 붉은고추, 고명을 얹어서 팬에 지진다.
3. 초간장을 곁들인다.

조리법 2

1. 애호박을 0.5cm 두께로 둥글게 썰어 가운데 씨 부분을 도려내고 소금을 약간 뿌렸다가 물기를 뺀다.
2. 다진 소고기, 으깬 두부를 합하여 고기 양념한 다음 호박 가운데 소를 넣는다.
3. 밀가루를 고루 묻혀 달걀물에 담갔다가 팬에 지진다.

새우전

주요 재료

재료 및 분량	
새우	10마리
다진 소고기	15g
두부	5g
다진 마늘	적당량
다진 파	적당량
소금·참기름·후춧가루	적당량
밀가루	24g
달걀	1개
식용유	36g

조리법

1. 새우를 깨끗이 씻어서 등에 있는 내장을 꺼내고 끓는 소금물에 데쳐 낸다.
2. 데친 새우의 머리와 껍질을 제거한 후 소금, 후춧가루로 양념한다.
3. 고기와 두부를 합하여 고기양념을 한 다음 직경 1cm 정도 굵기로 완자를 만든다.
4. 고기완자에 밀가루를 묻히고 구부러진 새우 사이에 넣은 다음, 고기 위에 달걀물을 바르고 팬에 지진다.
5. 초간장을 곁들인다.

양동구리전

주요 재료

재료 및 분량

재료	분량
양고기	100g
달걀	1개
녹말	30g
소금	적당량
잣	적당량
밀가루	적당량
식용유	적당량
양 양념	
소금·다진 파·다진 마늘·참기름·후춧가루	약간씩
초간장	
간장	12g
식초	6g
물	6g
잣가루	약간

조리법

1. 양을 소금과 밀가루로 문질러 씻어 안쪽에 붙어 있는 불순물을 없앤다.
2. 손질을 끝낸 양을 뜨거운 물에 튀겨서 검은 막을 고루 긁어내고 곱게 다진다.
3. 다진 양고기에 양념을 한 후 달걀 흰자와 녹말가루를 넣어 고루 섞는다.
4. 달구어진 팬에 기름을 두르고 한 수저씩 떠서 0.5cm×3cm 되게 동그랗게 지진다.
5. 초간장을 만들어 곁들여 낸다.

장떡

주요 재료

재료 및 분량

밀가루	1컵
된장	10g
고추장	10g
풋고추	1개
대파(4cm 길이로)	1개
마늘	1쪽

반죽양념

고추장	12g
된장	12g
다진 파	5g
다진 마늘	3g
깨소금	5g
참기름	5g

조리법

1. 밀가루에 물과 고추장, 된장을 넣고 고루 섞어 되직하게 반죽한다.
2. 풋고추와 홍고추는 둥글게 썰어 씨를 털어내고, 나머지는 잘게 썰어 반죽에 넣는다.
3. ①에 갖은 양념을 하여 지름 4cm 크기로 동글납작하게 빚는다.
4. 따뜻하게 달군 팬에 기름을 충분히 두르고 ③을 넣어 한쪽 면을 지진 후 뒤집어 그 위에 풋고추와 홍고추를 고명으로 올려 지져낸다.
5. 완성그릇에 5개를 담아 낸다.

사슬적

주요 재료

재료 및 분량

재료	분량
흰살 생선	300g
소고기	100g
두부	40g
밀가루·식용유	적당량
생선양념	
소금·참기름	5g
청주	3g
생강즙	3g
흰 후춧가루	약간
고기양념	
간장	5g
소금	3g
다진 파	10g
다진 마늘·참기름·깨소금	5g씩
후춧가루	약간
초간장	
간장	12g
식초	8~12g
설탕	5g
물	1큰술

조리법

1. 생선은 민어나 광어, 동태살로 준비해 길이 7~8cm, 폭 1cm로 썬다. 소금을 뿌려 두었다가 물기를 닦은 다음, 생선양념으로 무친다.
2. 소고기를 살만 곱게 다진다. 두부를 으깨어 물기를 꼭 짠다. 소고기와 두부를 합해 고기양념으로 고루 무친다.
3. 생선을 꼬치에 꿰어 밀가루를 고루 묻힌 다음 양념한 고기를 생선 사이사이에 채워서 고르게 눌러 붙인다.
4. 펜을 달구어 식용유를 두르고 양면을 지져낸다.
5. 꼬치를 빼고 잣가루를 뿌려낸다. 완성된 크기는 길이 6cm, 폭 6cm 정도이다.

Tip 사슬 모양으로 꿰었다 해서 이름붙여진 생선적이다.

오징어구이

주요 재료

재료 및 분량

오징어	1마리
오징어 양념	
고추장	24g
고춧가루	6g
간장	6g
설탕	12g
다진 마늘	5g
다진 파	5g
참기름	6g

조리법

1. 오징어는 깨끗이 손질 후 껍질을 제거한다.
2. 오징어 안쪽에 사선으로 잔 칼집을 낸다.
3. 고추장, 간장, 설탕, 다진 파·마늘, 참기름으로 양념장을 만들어 오징어에 바른다.
4. 석쇠에 타지 않게 구운 후 먹기 좋은 크기로 자른다.

뱅어포구이

주요 재료

재료 및 분량

뱅어포 4장

양념고추장
- 고추장 60g
- 간장 24g
- 다진 파 24g
- 다진 마늘 12g
- 깨소금 24g
- 참기름 24g
- 후춧가루 .... 적당량

조리법

1. 뱅어포는 색깔이 뽀얗고 깨끗한 것을 골라 한 장씩 손질한다.
2. 고추장에 간장, 다진 파·마늘, 깨소금, 설탕, 후춧가루를 넣어 양념고추장을 만든다.
3. 뱅어포에 양념고추장을 앞뒤로 골고루 발라 석쇠에 타지 않게 구우면서 양념을 한번 더 발라 굽는다.
4. 먹기 좋은 크기로 썰어 담는다.

감자조림

주요 재료

재료 및 분량

재료	분량
감자	200g
소고기	50g
풋고추	1개
실고추	약간
조림장	
간장	30g
설탕	12g
물	1컵
다진 파·다진 마늘	약간씩
참기름, 후춧가루	약간씩

조리법

1. 감자는 껍질을 벗겨 먹기 좋은 크기로 썰어 모서리를 다듬어 물에 담는다.
2. 간장에 설탕, 다진 파·마늘, 참기름, 후춧가루를 섞어 조림장을 만든다.
3. 소고기를 납작하게 채 썰어 조림장 일부를 넣어 양념하여 참기름을 두르고 프라이팬에 살짝 볶는다.
4. 풋고추는 어슷하게 썬다.
5. 남은 조림장에 물 1컵을 넣고 끓으면 감자, 소고기를 넣어 윤기나게 조린다.
6. 거의 조려지면 풋고추를 넣고 한소끔 조려 마무리하고 실고추를 고명으로 얹는다.

호두조림

주요 재료

재료 및 분량

재료	분량
호두	10개
잣	12g
참기름	5g
조림장	
간장	24g
설탕	12g
물	½컵
물엿	12g

조리법

1. 호두는 미지근한 물에 불려 속껍질을 깨끗이 벗긴다.
2. 간장에 설탕, 물을 섞어 조림장을 만들어 호두를 넣고 윤기나게 조린다.
3. 거의 조려지면 잣, 물엿을 넣어 다시 한 번 조린 다음 참기름을 넣는다.

연근조림

주요 재료

재료 및 분량

재료	분량
연근	1개
식초	적당량
양념장	
간장	36g
설탕	12g
물	1컵
물엿	24g

조리법

1. 연근을 깨끗이 씻어 껍질을 벗긴 후, 0.5cm 두께로 썬다.
2. 연근을 식초물에 넣고 삶는다.
3. 완전히 삶아진 연근을 간장, 설탕, 물로 양념장을 만들어 조린다.
4. 거의 다 조려지면 물엿을 넣고 마무리 한다.

멸치조림

주요 재료

재료 및 분량

재료	분량
멸치	100g
꽈리고추	3개
마늘	5개
식용유	적당량
조림장	
간장	36g
설탕	12g
물엿	12g

조리법

1. 식용유를 두른 팬에 멸치를 넣고 볶는다.
2. 마늘은 적당한 두께로 편 썰기 한다.
3. 간장, 설탕, 물을 넣고 조림장을 만들어 끓인다.
4. 조림장이 끓으면 볶은 멸치와 마늘을 넣고 조린다. 다 조려져 가면, 꽈리고추와 물엿을 넣고 한번 더 끓인 뒤 불을 끈다.

장조림

주요 재료

재료 및 분량

재료	분량
소고기(홍두깨살, 사태살)	100g
마늘	3쪽
대파	5g
생강	1톨
통후추	5알
꽈리고추	3개
건고추	1개
조림장	
육수	⅔컵
간장	24g
설탕	12g

조리법

1. 소고기는 찬물에 담가 핏물을 뺀 다음 끓는 물에 넣고 무르게 삶는다. 이때 대파, 생강, 통후추를 넣어 준다.
2. 육수에 무르게 익은 소고기, 꽈리고추, 건고추, 간장과 설탕을 넣어 조린다.
3. 간장색이 충분히 나게 조려지면, 소고기를 가늘게 찢거나 얇게 저민다.
4. 그릇에 담을 때는 조린 간장을 같이 부어 낸다.

장산적

주요 재료

재료 및 분량

재료	분량
소고기	150g
두부	50g
잣	5g
고기·두부양념	
소금	2g
다진 파	10g
다진 마늘	5g
참기름	5g
후춧가루·깨소금	약간씩
조림양념	
간장	12g
설탕	5g
물	½컵

조리법

1. 소고기를 곱게 다진다.
2. 두부는 물기를 꼭 짜서 으깨어 소고기와 섞어 끈기있게 치댄다.
3. ❷의 고기에 다진 파, 마늘, 소금, 참기름, 후춧가루, 깨소금을 넣어 버무려 0.7cm 두께가 되게 반대기를 지어 가로세로로 잔 칼집을 넣는다.
4. 석쇠에 기름을 발라 달구어 ❸의 반대기를 올려 타지 않게 구워서 가로세로 2cm × 2cm 크기로 썬다.
5. 간장에 설탕, 물을 넣어 조림장을 만들어 끓으면 ❹의 고기에 넣고 양념을 끼얹어 가며 윤기나게 조린다.
6. 완성된 장산적을 그릇에 담고 잣가루를 뿌린다.

파강회

주요 재료

재료 및 분량

실파	100g
소금	적당량
참기름	적당량
초고추장	
고추장	24g
설탕	12g
생강즙	12g
식초	12g

조리법

1. 실파를 깨끗이 다듬어 끓는물에 파랗게 데쳐 찬물에 헹구어 물기를 짠 후 소금, 참기름으로 간을 한다.
2. 실파는 3cm 길이로 접은 다음 돌돌 말아 접시에 둔다.
3. 고추장, 설탕, 생강즙, 식초로 초고추장을 만들어 파강회와 함께 곁들인다.

장김치

주요 재료

재료 및 분량

재료	분량
배추	2잎(300g)
무	100g
밤	3개
대추	3개
호두	2개
미나리	30g
배	¼개
표고버섯	1개
석이버섯	2g
진간장·설탕·실파·마늘·생강·잣·소금·실고추	적당량
물	2컵

조리법

1. 배추의 속대를 3cm × 3cm × 0.3cm로 납작하게 썬다.
2. 무도 배추와 같은 크기로 썰어 물 1컵, 간장 2큰술을 넣고 배추와 같이 절인다.
3. 파, 마늘, 생강은 채 썰고, 미나리는 3cm 길이로 자른다.
4. 배는 껍질을 벗겨 납작하게 썰고, 밤도 납작하게 썰어 놓는다.
5. 대추는 돌려깎기 한 뒤 편편하게 만들어 채 썰고, 호두는 물에 불려 껍질을 벗긴다.
6. 석이버섯, 표고버섯은 물에 불려 꼭지를 떼고 납작하게 썰어 놓는다.
7. 절인 배추와 무에 손질한 고명을 넣고 실고추로 버무린 다음 간장에 물을 섞어 간을 맞추어 김칫국물을 붓는다.

깍두기

주요 재료

재료 및 분량

재료	분량
무	500g
쪽파	50g
미나리	50g
새우젓	20g
굵은소금	¼컵
고춧가루	40g
생강	1통
마늘(2톨)	5g
물	2컵
양념	
고춧가루	24g
새우젓	12g
설탕	5g
다진 마늘	12g
다진 생강	3g

조리법

1. 무는 사방 2cm 정도로 깍둑 썰기하여 소금에 절였다가 체에 건진다.
2. 쪽파와 미나리는 다듬어 씻어 4cm 정도의 길이로 썬다.
3. 마늘과 생강은 곱게 다진다.
4. 새우젓은 잡티를 골라내고 건더기만 건져 곱게 다진다.
5. 무에 고춧가루를 넣어 잘 버무려 물을 들이고, 마늘·생강·새우젓·설탕을 넣고 간을 맞춘 다음 쪽파와 미나리를 넣고 가볍게 버무린 후 그릇에 담아 낸다.

도라지강정

주요 재료

재료 및 분량

재료	분량
통도라지	5개
소금	약간
전분	3큰술
튀김유	적당량
양념장	
고추장	24g
간장	12g
설탕	18g
물	24g
참기름	약간
통깨	약간

조리법

1. 도라지는 길이 4~5cm, 폭 0.5cm 정도로 썬 후 소금을 뿌려 쓴맛을 제거한다.
2. 쓴맛을 제거한 후 도라지에 전분을 묻혀 튀긴다.
3. 고추장, 간장, 설탕, 물, 참기름, 통깨를 넣고 끓인 양념장에 튀긴 도라지를 넣고 졸여낸다.

매듭자반

주요 재료

재료 및 분량

재료	분량
다시마	30cm
잣	10g
통후추	5g
설탕	5g
식용유	2컵

조리법

1. 다시마를 물기에 꼭 짠 젖은 행주로 닦은 다음 폭 1cm, 길이 10cm의 긴 끈 모양으로 썬다.
2. 썬 다시마를 한 가닥씩 매듭을 묶고 삼각 진 매듭에 잣과 통후추를 한 알씩 넣어 빠지지 않게 당긴다.
3. 튀김냄비에 식용유를 담아 170°C 정도가 되면 ❷를 넣어 바삭하게 튀긴다.
4. 고루 튀겨지면 망에 건져서 여분의 기름은 빼고 설탕을 고루 뿌려서 그릇에 담는다.

삼색경단

주요 재료

재료 및 분량

재료	분량
찹쌀가루	6컵
흰콩가루	½컵
푸른콩가루	½컵
흑임자가루	½컵
팥	½컵
설탕	1컵
소금	적당량

조리법

1. 찹쌀가루에 소금을 넣고 끓는물로 익반죽하여 비닐에 잠깐 싸 놓는다.
2. 푸른콩, 흰콩, 흑임자는 깨끗이 씻어 물기를 뺀 후 각각 충분히 볶아 소금을 약간 넣고 곱게 빻아 체에 다시 내려 삼색고물을 만들어 놓는다.
3. 팥을 깨끗이 씻어 푹 삶아 체에 놓고 손으로 비벼 내린 다음 주머니에 넣어 꼭 짜서 팥 앙금을 만든다.
4. 팥 앙금에 설탕을 넣어 은근히 조려 팥소를 만든다.
5. ①의 반죽으로 완자를 만들어 팥소를 넣고 다시 모양을 잡는다.
6. 찹쌀완자를 끓는 물에 삶아 완자가 물 위에 떠오르면 건져서 냉수에 헹구어 물기를 뺀다.
7. 완자의 물기가 완전히 빠지면 각각의 고물을 묻혀 그릇에 담는다.

오색 송편(흰/송기/녹차/오미자/치자)

주요 재료

재료 및 분량

재료	분량
멥쌀가루	10컵
소금	1큰술
오미자물(오미자 30g, 물 10큰술)	½컵
치자 우린 물(치자 2개, 물 6큰술)	½컵
송기가루 물(송기가루 4큰술, 물 4큰술)	½컵
녹차가루(녹차가루 4큰술, 물 4큰술)	½컵
솔잎	100g
참기름	적당량
떡소	
붉은 팥	2컵
소금	5g
설탕	24g
밤	15개
꿀	36g
볶은 통깨	½컵

조리법

1. 멥쌀은 하룻밤 불려서 소금 간을 하여 가루로 빻아 체에 쳐서 다섯 등분한다.
2. 솥에 팥을 넣고 한 번 끓으면 물을 따라내고 새 물을 부어 푹 삶아, 소금과 설탕을 넣고 절구에 대강 찧어 팥소를 만든다.
3. 밤은 껍질을 벗겨 푹 삶아 으깨어 꿀(2큰술)로 버무리고, 볶은 통깨는 가루를 내어 꿀(1큰술)로 버무려 놓는다.
4. 팥, 밤, 깨를 대추알 크기로 소를 만든다.
5. ①을 치자물, 오미자물, 녹차물, 송기물을 넣고 익반죽을 한다.
6. 떡 반죽을 밤알만한 크기로 떼어 둥글게 빚은 다음 가운데 우물을 파서 그 속에 준비한 소를 넣고 아물려 조개처럼 예쁘게 빚는다.
7. 시루나 찜통에 솔잎을 깔고 빚은 송편을 서로 닿지 않게 한 켜 놓은 위에 솔잎을 놓으며 여러 켜를 반복하여 담고 불에 15~20분 정도 찐다.
8. 다 쪄지면 냉수에 얼른 씻어서 솔잎을 뗀 다음 소쿠리에 건져서 물기를 빼고 참기름을 발라서 목기나 그릇에 담는다.

삼란(조란/율란/생란)

주요 재료

재료 및 분량

재료	분량
대추	20개
밤	10개
계핏가루	10g
잣	24g
잣가루	½컵
꿀	12g
소금	적당량
생강(껍질 벗긴 것)	200g
물	1½컵
설탕	100g
물엿	24g

조리법

조란

1. 살이 많이 통통한 대추를 골라 깨끗이 씻어 푹 찐 다음 체에 내려 씨를 발라낸다.
2. ①의 대추를 곱게 다져서 냄비에 담고 꿀과 계핏가루를 넣어 나무주걱으로 치대며 은근히 조린다.
3. 다 조려지면 대추 모양으로 빚어 통잣을 하나씩 박아 조란을 완성한다.

율란

4. 밤은 껍질째 푹 삶아 뜨거울 때 체에 내려 으깬 다음 꿀이나 설탕을 넣고 계핏가루를 넣어 반죽한다.
5. 잣은 곱게 다져놓는다.
6. ④의 반죽을 밤 모양으로 빚어 잣가루나 계핏가루를 묻혀 율란을 만든다.

생란

7. 생강은 껍질을 벗겨 강판에 갈아, 고운 체에 밭쳐 생강 물은 그릇에 받아 두어 녹말앙금을 가라앉히고 건더기는 물에 헹구어 매운 맛을 없앤다.
8. 냄비에 생강 건더기와 물, 설탕, 소금을 넣어 불에 올려서 끓이다가, 물엿을 넣고 약한 불로 서서히 졸인다.
9. 거의 졸여졌을 때 가라앉힌 녹말을 넣어 골고루 섞어 엉기게 하고, 꿀을 넣어 잠시 더 졸여 그릇에 펴서 차게 식힌다.
10. 잣은 고깔을 떼고 곱게 다져서 가루를 만든다.
11. 졸인 생강은 손에 설탕물을 묻히면서 삼각뿔이 난 생강 모양으로 빚는다.
12. 빚어진 생란에 잣가루를 묻힌다.
13. 접시에 삼란을 보기 좋게 담아낸다.

섭산삼

주요 재료

재료 및 분량

더덕	50g
찹쌀가루	50g
꿀(또는 조청)	약간
대추	12g
통깨	1큰술
튀김기름	적당량

조리법

1. 더덕은 깨끗이 껍질을 벗겨 길이로 잘라 방망이로 자근자근 두드려 편다. 소금물에 담가 쓴맛을 제거한 다음 수분을 제거한다.
2. 더덕의 앞뒤에 찹쌀가루를 묻혀 잠시 두었다가 다시 한 번 더 묻혀서 160°C 정도 기름에 깨끗하게 두 번 튀겨낸다.
3. 대추는 칼로 얇게 포를 떠서 씨를 빼고 곱게 채 썬다.
4. 튀긴 더덕에 조청이나 꿀을 바른 다음 조청이 마르기 전에 대추채와 통깨를 보기 좋게 뿌려서 접시에 담아낸다.

Tip 섭산삼에 뿌리는 통깨는 흰깨를 거피하여 색이 나지 않도록 깨끗이 볶은 통깨를 뿌리는 것이 좋다.

곶감 수정과

주요 재료

재료 및 분량

재료	분량
생강(껍질 벗겨서)	50g
물	6컵
통 계피	40g
물	6컵
황설탕	1컵
백설탕	½컵
주머니곶감	3개
호두	6개
잣	12g

조리법

1. 생강을 얇게 저미고 통 계피를 조각낸 다음 깨끗이 씻는다.
2. 주머니곶감은 꼭지를 떼고 편 다음 씨를 빼고 호두를 넣어 김발로 꼭꼭 말아 곶감 쌈을 만든다. 잣은 고깔을 뗀다.
3. 저민 생강에 물을 부어 센불에서 30분, 중간불에서 1시간 정도 끓여 고운 체에 거른다.
4. 통 계피에도 물을 부어 생강처럼 끓여서 고운 체에 거른다.
5. 생강과 계피 끓인 물을 합하여 설탕을 넣고 한소끔 더 끓여서 식힌다.
6. 곶감 쌈을 1cm 두께로 잘라 놓는다.
7. 화채 그릇에 수정과물을 담고 잘라놓은 곶감을 넣고 잣을 서너 알 띄운다.

오미자화채

주요 재료

재료 및 분량

재료	분량
오미자(½ 컵)	50g
물	2컵
설탕(1 컵)	170g
물	4컵
배	⅛개
잣	5g

조리법

1. 오미자를 물에 씻어서 찬물2컵을 부어 하루를 우려내어 면보에 밭친다.
2. ①의 오미자국의 색과 신맛을 보면서 물4컵을 섞어, 설탕을 섞어 녹인다.
3. 배를 얇게 저며 꽃 모양으로 찍어 설탕물에 담가 갈변을 막는다.
4. 잣은 고깔을 떼어내고 깨끗이 닦아 놓는다.
5. 화채그릇에 오미자국을 담고 꽃모양의 배와 잣을 띄운다.

두부된장찌개

주요 재료

재료 및 분량

재료	분량
두부	⅓모
감자	1개
애호박	½개
붉은고추	1개
풋고추	2개
대파	½대
멸치	20g
물	4컵
된장	2큰술
고추장	1작은술
다진마늘	1작은술
소금	약간

조리법

1. 두부를 길이 4cm, 폭 3cm, 두께 0.8cm로 썬다.
2. 감자는 껍질을 벗겨 반으로 갈라 0.8cm 두께로 썬다. 애호박도 반으로 갈라 0.8cm 두께로 반달썰기한다.
3. 붉은 고추와 풋고추를 어슷 썬 다음 찬물에 헹궈 씨를 뺀다. 대파도 어슷 썬다.
4. 장국용 멸치는 머리와 내장을 떼어낸 다음 팬에 살짝 볶은 후 분량의 끓는 물에 넣고 10분 정도 끓여 건진다.
5. 위의 멸치장국에 된장과 고추장을 푼 다음 끓어오르면 감자, 애호박, 두부를 넣는다.
6. 감자와 호박이 익으면 다진 마늘, 붉은 고추, 풋고추, 대파를 넣고 끓인다. 모자란 간을 소금으로 맞춘다.

삼계탕

주요 재료

재료 및 분량

영계(600g 정도)	1마리
찹쌀	½컵
마늘	2쪽
대추	2개
황률	2개
수삼	1뿌리
소금, 후춧가루	적당량
물	적당량
파	약간
닭 국물 양념	
소금	1큰술
생강즙	1큰술
후춧가루	약간

조리법

1. 영계는 목 쪽으로 내장을 꺼내고 뼈에 붙어 있는 혈관도 말끔히 긁어낸 다음 씻어서 물기가 잘 빠지도록 세워둔다.
2. 찹쌀을 깨끗이 씻어서 물에 2시간 정도 불린 다음 채에 건져 물기를 뺀다.
3. 마늘은 껍질을 벗기고 대추는 씨를 발라 놓는다. 수삼을 씻어 놓는다.
4. 닭의 뱃속에 불린 찹쌀과 마늘 2쪽, 대추 2개, 황률 2개, 수삼을 넣고 다리 사이로 칼집을 한 번 넣어 다리를 교차하여 꼬아 고정시킨다.
5. 냄비에 닭을 안치고 물을 부어서 끓인다. 끓어오르면 불을 약하게 줄여서 서서히 1시간 이상 끓인다.
6. 닭이 충분히 무르게 익으면 건져서 국물에 소금, 생강즙, 후춧가루를 넣고 간을 맞춘다.
7. 큰 대접이나 뚝배기에 닭을 담고 국물을 끓여서 붓는다. 따로 소금, 후춧가루, 잘게 썬 파를 곁들인다.

Tip 삼계탕은 어린 닭의 뱃속에 찹쌀, 마늘, 대추, 인삼을 넣고 물을 부어 오래 끓인 음식이다. 여름철 보신음식으로 으뜸이고 원래는 영계를 백숙으로 푹 고아 영계백숙이라 하였으나 인삼을 넣어 계삼탕이라 하다가 지금은 삼계탕이라 불린다.

통오이선

주요 재료

재료 및 분량

재료	분량
가는 오이	1개
쇠고기	60g
마른 표고버섯	2장
국간장	적당량
달걀	1개
잣가루	약간
석이버섯	1장
고기, 버섯 양념	
간장	½큰술
설탕	⅓작은술
다진 파	약간
다진 마늘	약간
깨소금	약간
참기름	약간
후춧가루	약간

조리법

1. 오이를 6cm 길이로 토막 내어 오이소박이처럼 오이속이 열십자가 되도록 칼집을 넣어 소금물에 절인다.
2. 쇠고기 30g은 납작납작 썰어 양념하고 30g은 다져서 표고와 석이버섯 채 썬 것과 섞어서 양념한다.
3. 오이의 칼집 사이에 다진 고기와 버섯 양념한 것을 소박이처럼 박는다.
4. 냄비에 쇠고기 잰 것을 담고 오이를 차곡차곡 올린다. 국 간장으로 싱겁게 간을 맞춘 국물을 잘팍하게 붓고 끓인다.
5. 그릇에 담고 국물을 조금 끼얹은 다음 황백지단 채와 실고추, 잣을 얹는다.

궁중식 호박선

주요 재료

재료 및 분량

호박 중1개
소금물
　소금 .... ½~1큰술
　물 .... ½~1컵
소고기 70g
표고 중3개
달걀 1개
실고추 .... 약간
석이버섯 2장
잣 5개
육수, 설탕, 간장 .... 적당량
겨자장

고기양념
　간장 .... ½큰술
　설탕 1작은술
　다진 파 1작은술
　다진 마늘 .... ½작은술
　참기름 .... 약간
　깨소금 .... 약간
　후춧가루 .... 약간

조리법

1. 호박은 가늘고 연한 것으로 골라 4cm 정도의 길이로 잘라서 열십자로 칼집을 넣어 소금물에 담가놓는다.
2. 쇠고기는 살로 곱게 다지고, 표고는 불려서 곱게 채 썰어 합하여 고기양념장으로 고루 무친다.
3. 절인 호박을 마른 행주로 싸서 물기를 닦고 칼집의 사이에 양념한 쇠고기와 표고를 채워 넣는다.
4. 달걀은 황백으로 나누어 지단을 부쳐 곱게 채 썬다.
5. 석이버섯은 깨끗이 씻어 소금, 참기름 양념하여 볶는다.
6. 냄비에 간장, 설탕과 육수 또는 물을 담아 불에 올려 끓어오르면 소를 채운 호박을 나란히 놓고 끓인다. 도중에 불을 줄이고 가끔 국물을 끼얹어서 고루 간이 들도록 한다.
7. 호박이 연하게 익으면 그릇에 담고 달걀지단 채와 실고추, 석이버섯, 잣을 얹는다.

∷ 참고 문헌

- 강재희 · 김은진 · 윤숙자 공저, "한국음식기초조리", 지구문화사, 2011.
- 강인희 저, "한국의 맛", (주) 대한교과서, 1998.
- 봉하원 저, "한국요리해법", 수학사, 2002.
- 윤서석 저, "한국음식", 수학사, 2002.
- 윤숙자 저, "한국의 떡 · 한과 · 음청류", 지구문화사, 2010.
- 윤숙자 저, "한국의 시절음식", 지구문화사, 2008.
- 조후종 저, "세시풍속과 우리음식", 한림출판사, 2002.
- 한복려 저, "쉽게 맛있게 아름답게 만드는 떡", 궁중음식연구원, 1999.
- 한복려 · 정길자 저, "조선왕조 궁중음식", 궁중음식연구원, 2003.
- 황혜성 외 3인, "3대가 쓴 한국의 전통음식", 교문사, 2010.
- 황혜성 저, "한국음식", 민서출판사, 1980.

세계를 향한

개정3판 한국조리

2014년 9월 1일 초판 발행
2014년 9월 1일 개정2판 발행
2018년 7월 10일 개정3판 발행

저 자 김소미 / 김경린 / 김귀순 / 이광일
이나겸 / 이청욱 / 황수영 / 황영정

발행인 주 병 오

발행처 ㈜지구문화 JIGU CULTURE Co.Ltd

경기도 파주시 회동길 209
파주출판문화정보산업단지

영업팀 (031)955－7566 · 7577
편집디자인팀 (031)955－7731
F A X (031)955－7730
홈페이지 www.ji-gu.co.kr
전자우편 jigupub@hanmail.net

ISBN 978-89-7006-845-9 값 22,000원